本书为国家社会科学基金项目(17BJL012)的成果

重构供求联动机制

收入分配的视角

RECONSTRUCTING THE SUPPLY-DEMAND LINKAGE MECHANISM
the perspective of income distribution

龚志民 著

社会科学文献出版社
SOCIAL SCIENCES ACADEMIC PRESS (CHINA)

目 录

第一篇 导论：动力机制

第一章 经济增长的本质与动力机制的内涵 …………………… 3
第一节 经济增长的本质 …………………………………… 3
第二节 经济增长动力和动力机制 ………………………… 5

第二章 有效供给与有效需求联动与匹配的动力机制 ………… 10
第一节 收入分配是有效供给与有效需求协调发展的纽带 …… 10
第二节 收入分配的激励效应 ……………………………… 11
第三节 收入分配的需求效应 ……………………………… 12
第四节 供求联动机制 ……………………………………… 13

第三章 复杂性视角下中国经济增长动力机制重构的理论分析 …… 14
第一节 分析框架 …………………………………………… 14
第二节 复杂性视角下的动力机制分析 …………………… 15
第三节 收入分配制度改革是中国经济增长动力机制
重构的核心 ………………………………………… 18

第二篇 供求联动视角下收入分配影响
经济增长的研究：动力分析

第四章 收入分配对消费需求的影响研究 ……………………… 23
第一节 研究背景与文献 …………………………………… 23
第二节 收入分配影响消费需求的机制分析 ……………… 26

         第三节　收入分配影响消费需求的实证研究 …………………… 35
         第四节　结论与启示 ………………………………………………… 48
　第五章　收入分配对有效供给的影响研究 ……………………………… 50
         第一节　研究背景 …………………………………………………… 50
         第二节　收入分配影响有效供给的机制分析 …………………… 52
         第三节　收入分配影响有效供给能力的实证分析 ……………… 56
　第六章　收入分配与技术进步 …………………………………………… 77
         第一节　技术进步的源头：问题的提出及文献梳理 …………… 77
         第二节　收入分配影响技术进步的理论分析 …………………… 83
         第三节　收入分配影响技术进步的计量模型 …………………… 86
         第四节　收入分配影响技术进步的实证研究 …………………… 91
         第五节　结论 ………………………………………………………… 95
　第七章　收入分配影响经济增长的实证研究 …………………………… 96
         第一节　收入分配影响经济增长的实证研究 …………………… 96
         第二节　收入分配影响经济增长的跨国经验观察 ……………… 105
         第三节　启示：收入分配制度改革的必要性 …………………… 107

第三篇　收入分配与中国经济高质量发展：动力支撑

　第八章　收入分配对消费结构与产业结构协调发展的影响研究 …… 111
         第一节　研究背景与文献 ………………………………………… 111
         第二节　消费结构与产业结构的内涵与发展现状 ……………… 113
         第三节　收入分配影响消费结构和产业结构协调发展的
                 机制分析 …………………………………………………… 119
         第四节　消费结构与产业结构协调度的测度 …………………… 122
         第五节　收入分配影响消费结构与产业结构协调发展的
                 实证分析 …………………………………………………… 128

第六节　结论 ·· 135

第九章　收入分配与高质量发展 ································ 138
　　第一节　高质量发展的内涵 ·································· 138
　　第二节　经济增长质量影响因素 ······························ 141
　　第三节　收入分配影响高质量发展的理论分析 ·················· 144
　　第四节　收入分配影响经济增长效率实证分析 ·················· 147
　　第五节　结论 ·· 159

第十章　实现消费与经济的同步增长 ···························· 161
　　第一节　消费与经济同步增长的内涵与测度 ···················· 161
　　第二节　消费与经济同步增长的意义 ·························· 166
　　第三节　中国消费与经济同步增长的现状分析 ·················· 170
　　第四节　收入与经济同步增长对消费与经济
　　　　　　同步增长的影响 ·································· 173
　　第五节　结论：收入分配是消费与经济同步增长的关键 ········· 175

第四篇　收入分配制度改革与中国经济增长动力重构

第十一章　中国经济增长动力机制的诊断 ······················· 179
　　第一节　消费需求导向的缺失 ································ 179
　　第二节　创新能力与创新动力不足 ···························· 180
　　第三节　供求联动的响应机制效率低下 ························ 181

第十二章　以供给侧结构性改革促进中国经济回归内涵式发展 ····· 184
　　第一节　供给侧结构性改革蕴含新的经济增长动力观 ············ 184
　　第二节　供给侧结构性改革的逻辑与内涵 ······················ 185
　　第三节　以消费需求导向引领供给侧结构性改革 ················ 186

第十三章　以收入分配制度改革重构中国经济增长的动力机制 ····· 189
　　第一节　推进收入分配制度改革，理顺供求联动机制 ············ 189

第二节 坚持按劳分配原则，提升中国经济增长内生动力……… 192

第三节 优化收入分配结构，构建消费与经济同步增长的

    体制机制（分享）……………………………… 195

参考文献……………………………………………………… 201

第一篇

导论：动力机制

本篇将论证经济增长动力机制的内涵。生产与消费是矛盾的统一体，通过收入分配的联结，生产与消费相互支撑、相互制约、相互推动，这一循环往复运动构成了经济增长的动力。经济增长动力的形成过程和机制便是动力机制（为了便于表述，本书对经济增长的动力和动力机制不加区分）。作为联结生产与消费的枢纽，收入分配构成了经济增长的动力支撑。它一方面通过资源配置功能和激励机制影响生产，另一方面通过需求效应影响消费，这是因为收入分配的结果决定购买力分布，从而影响社会总消费和消费结构。

供给与需求分别对应生产与消费，因此也可以说，供给与需求相互支撑、相互制约、相互推动的循环往复运动构成了经济增长的动力机制。我们称之为供求联动与匹配的动力机制，简称供求联动机制。

第一章 经济增长的本质与动力机制的内涵

在约定俗成的术语中,投资、消费和技术进步等各种要素常常被称为经济增长的动力,一个众所周知的比喻是,投资、消费和出口是拉动国民经济增长的"三驾马车"或"三个引擎",也就是说,投资、消费和出口被认为是经济增长的基本动力。但这是一个似是而非的命题。"三驾马车"的比喻源于 GDP(国内生产总值)的核算方法,以支出法核算的 GDP 由投资、消费和出口(净出口)三部分构成,是一定时期内一个国家或地区所生产的全部最终产品和劳务的价值,它反映的是一个国家或地区所有常驻单位在一定时期内生产的所有最终产品和劳务的价值。投资和消费的重要性是不言而喻的,特别是在中美经贸摩擦不断升级、国际环境不确定性因素增加的情况下,国内需求和消费的重要性进一步凸显,但把 GDP 的组成部分喻为经济增长的动力显然不符合"动力"的要义,它们其实是经济增长的结果,而非经济增长的原因,更非经济增长的根本动力(李佐军,2014)。

那么,究竟什么是经济增长的动力呢?考察经济增长的本质是我们理解经济增长动力的起点。

第一节 经济增长的本质

经济增长问题一直是经济学关注的核心问题。我们首先需要厘清经济增长的本质，这是我们分析的起点。斯密之见解"真正的财富来自生产和供给，而非贸易盈余所获得的金条"（斯密，2001），说明古典经济学家关于生产和供给对经济增长的作用有最朴素的理解。经济学常用GDP或人均GDP来表示一个国家或一个地区的经济增长情况，GDP是描述经济增长的一个指标，是经济增长的价值统计形式，体现一个国家或地区经济增长的水平，它本质上是对经济增长结果的评估，对应的三个组成部分——投资、消费和出口是经济增长的分类结果。实际上，人们关心经济增长，是因为它关乎个人和家庭生活的改善与保障，而这又是以产品为基础的。这实质上反映的是人们对更好生活的向往和追求。但当今时代对经济增长的极度追求往往使人迷失方向，忘记了经济增长的初衷。正如斯密在批判"财富由货币或金银构成"这一通俗理念时说，该理念是如此深植人心，甚至明明知道这种想法荒谬的人，若不小心，也很容易忘记他们自己的原则，乃至在他们的思考过程中，不假思索地视其为确定不移的真理（斯密，2011）。

斯密对"财富"朴素的认识蕴含了对经济增长本质的洞察。人类历史就是一部争取生存和发展的历史，用通俗的语言表述，人类不变的追求是"生产更多更好的产品"以满足"生存、生活、更好的生活"的动机。以今天的认识，这就是经济增长的本质——在资源的约束下生产并分享更多更好的产品。当今，高速经济增长阶段正在向高质量发展阶段转变，对应着整体小康向全面小康的迈进，经济增长的内容与形式发生了变化，但经济增长的本质没有变。生产与分享是经济增长的核心问题。一方面，对更多更好的产品的追求反映的是人们的需求意愿，人们的需求既包括产品数量的增长，也包括产品质量的提升和产品种类的丰富。唯有如此，才能满足异质性个体的不同需求。另一方面，"三驾马车"实际上是从支出法的角度对需求的分类，即投资需求、消费需求和出口需求构成社会总需求，但所有需求的实现都要以生产为基础，而产品的生产受到资源的约束，即供给能力受现实条件的约束，所以，供给和需求之间常常存在矛盾，供给是矛盾的主要方面。正如马克思所言，"一定的生产决定一定的消费、分配、交换和这些不同要素相互间的一定关系"①，这一论断深刻地阐述了生产的决定性作用。实际上，在历史的长镜头下，人类一直在为生存而战。生产力低下的原始社会只有"供给不足"；马克思见证的资本主义时期的"生产过剩"也是表面现象，根本原因是人民大众的支付能力太低，如果以全体社会成员最迫切需要的满足为标准，也是"供给不足"的。即使在生产力空前发展的今天，"供过于求"似乎已成常态，如果我们对"需求"赋予新的内涵，与经济发展水平相适应的内涵，即把"生存"换作"高品质的生活"，"供过于求"就变成了伪命题，它背后的事实无非是产品不合意或者没有社会价值（超过市场容量），其本质还是供给侧的问题或收入分配的问题。所以，经济增长必须以生产能力为基础，供需匹配是经济可持续增长的前提条件。党的十九大报告再次强调消费的基础性作用，进一步提出深化供给侧结构性改革，一方面说明党和政府对生产和消费不偏不倚的重视，对供需平衡发展的重要性的认识；另一方面也说明供给侧结构性改革是在我国需求管理政策边际效应逐步下降后的战略转变，这一转变意味着我们对"需求不足"的本质有了更深刻的理解。所有需求的实现都要以生产为基础，这是供给侧结构性改革的逻辑。朴素而直观的逻辑，却是在关于供给与需求孰重孰轻的多次争论与长期实践之后再次对供给侧的回归。

以上分析表明，"产品的生产"是经济增长的硬道理，它的实现与可持续性又依赖"产品的合理分享"。理解经济增长的本质有助于我们更好地揭示经济增长动力和动力机制。

第二节　经济增长动力和动力机制

在已有的文献中，对经济增长动力和动力机制的研究有很多，为了

---

① 《马克思恩格斯选集》第二卷，人民出版社，2012，第 699 页。

厘清基本概念，我们对现有文献进行梳理，将其作为分析的起点。与日常通俗表达和政府公文相一致，学术文献中经济增长的动力或动力机制一般是指某个生产要素。学界普遍关注的要素包括资本（投资）、劳动（人力资本）、技术进步，以及社会制度、收入分配、消费需求等，研究的主要内容是对各种因素在经济增长中的作用或贡献进行分析，包括机制分析与量化分析。按供给侧和需求侧的角度，以往的研究可以分为以下三类。

第一类，从供给侧的视角研究经济增长的动力问题。该类研究借用新古典增长理论、新增长理论、制度变迁等理论，从不同侧面对经济增长的动力进行分析，尽管结论有分歧，但关注的焦点都是资本、劳动、技术进步、制度创新等因素对中国经济增长的贡献。一般的观点是，资本（投资）是中国经济增长最重要的动力，技术进步的贡献比较小，如丁志国、赵宣凯、苏治（2012），余泳泽（2015）的研究都支持这一观点；但也有部分研究认为中国全要素生产率对经济增长有较大的贡献，在长期中仍具有持续的动力，如徐现祥和舒元（2009）采用对偶法核算得出其对中国经济增长的贡献率约为25%；李平、钟学义、王宏伟等（2013）采用索洛余值法和纯要素生产率法测算的全要素贡献率高达40.81%和40.09%；王小鲁（2000）、金海年（2014）等则认为长期增长的决定性因素是制度供给或体制机制创新。

第二类，从需求侧的视角研究经济增长的动力问题。由于我国长期奉行需求管理政策，国内此类研究文献很多，基本观点是，消费需求不足拖累了中国经济增长，影响了经济的可持续发展，倾向性比较明显。例如，孙海涛和宋荣兴（2012）利用1978～2009年的数据验证了消费需求与经济增长之间互为因果的关系，并断言消费需求是影响经济增长最重要的因素；洪银兴（2013）从投资拉动与消费拉动经济增长的两个链条的比较中得出结论：消费拉动GDP的增长更为可靠，从投资拉动转向消费拉动不只是解决产能过剩问题，更为重要的是提高消费对经济增长的贡献率、提高经济增长的效益和质量；张东刚（2004）通过对中国近代史的考察得出结论，消费需求结构变动和消费增长诱发的产出效应是客观存在的；国外也有类似的研究，如 Wunder（2012）的研究表明中产阶级减少消费将抑制经济增长。

第三类，同时从供给侧与需求侧两个方面研究经济增长的动力问题。这类研究对我们的启发较大，其中部分研究还探讨了收入分配与生产、消费的关系。周志太和程恩富（2016）认为无论是需求拉动供给的国家干预主义，还是供给创造需求的经济自由主义，都不能有效地解决中国当前有效需求不足和产能过剩并存的问题，必须重新审视供给与需求在经济可持续发展驱动体系中的辩证关系，整体协同推进供求关系；于泽、章潇萌、刘凤良（2014）的研究发现我国产业结构转型的主要动因是需求方面的人均收入上升和供给方面的资本深化，而技术进步的影响程度较小；沈坤荣、王东新、田伟（2010）认为中国收入分配不平等程度的加剧对经济增长产生了极为不利的影响，这主要基于两个方面，一是收入分配的不平等造成消费需求不足，二是收入分配的不平等将直接导致人才缺失，从而抑制生产力发展；特别要提到的是靳涛和邵红伟（2016）的研究，其从供给与需求两个方面分析收入分配影响经济增长的机制，并认为满足正态分布且具有完全流动性的收入分配结构最有利于经济增长，而且符合人类天性，是效率与公平的统一。

以上研究对理解中国经济增长的动力机制具有很大的启发性，但从本课题的视角来说，这些研究存在以下三方面的不足。第一，以往研究中的动力机制其实是指经济增长的某个特定要素，而动力机制的内涵是各种要素和要件之间相互关联、相互作用并输出动力的方式和路径。以往研究大多用到复杂的技术手段，但对各种要素的分析往往是孤立的，或是"数据挖掘"型的，难以把握经济系统各要素之间对立统一、相互制约的演进规律，供给与需求的关联机制并未得到应有的重视。即使第三类研究同时考察了供给与需求两个方面，但一般也是分别考察，它们之间的联系机理并未成为重点。第二，技术进步对于经济增长的重要性已成基本共识，但现有研究对"技术进步来源"的说明缺乏说服力。

新古典增长理论视技术进步为外生变量，技术进步对经济增长的影响研究便失去意义，或者价值较小。罗默、卢卡斯、格鲁斯曼、阿罗等发展的新增长理论虽然强调技术进步的内生性，但也是在模型之外强加上去的。以生产函数为出发点的研究把资本和劳动不能解释的部分归结于技术进步（索洛余项），不是真正意义上的技术进步内生化，尽管拟合度很高（这是自然的），但对"技术进步来源"的说明尚不明确。事实上，研究结论的差异性固然与地区、数据的选取有关，但一些明显的分歧无疑与研究方法的选择有关。如果没有系统论的思想与唯物辩证法的洞察，单纯的技术手段极易导致一叶障目与数据盲从。第三，对供求联动关系的阐述不够清晰。自从供给侧结构性改革提出以来，学术界的研究几乎一边倒向供给侧，对于供给侧与需求侧两大动力的关系缺乏透彻的解读，甚至有否定需求的导向作用的错误认识。尽管"新供给经济学"的理论框架的构建已有开拓性的尝试（贾康、苏京春，2015）和富有启发性的探索（周志太、程恩富，2016），但作为中国经济转型发展与探索的重大战略，供给侧结构性改革的系统理论研究与指导需要更加深入和系统化的研究，尤其需要从系统论的角度来研究。

所以，现有文献中绝大多数研究者所指的经济增长的动力（机制）其实是指某个特定的要素。但是，经济社会系统作为有机体，是一个复杂适应系统[①]，按照马克思系统论的观点，生产、分配、交换、消费之间的矛盾运动决定了国民经济的发展，在社会再生产四个环节的框架下，多个因素相互支撑、相互制约、对立统一的矛盾运动从整体上构成了经济增长的动力。因此，资本、劳动、技术、制度等单个因素都不能成为经济增长的动力，只是经济增长动力机制的组成部分。在现代金融体系下，社会再生产的四个环节之一的交换隐含在消费过程中。因此，

---

① 经济社会系统的复杂性主要表现为其参与主体的适应性，即个人、企业、政府等对环境的适应性，包括自然环境和社会环境，以及主体之间的相互作用。见《基于复杂性视角的消费率问题和政策效应研究》（龚志民，2015：5-9，283-285）和《隐秩序——适应性造就复杂性》（霍兰，2011：81-88）。

生产与消费在收入分配支撑下所表现出的相互支撑、相互制约、相互推动的循环往复运动构成经济增长的动力。经济增长动力的形成过程和机制便是动力机制。"动力"使我们联想到发动机，众所周知，发动机的动力来源于活塞的循环往复运动，由这一直观对比可以看出，对经济增长动力的以上定义符合"动力"的要义，体现了"动力"的内涵。

为了方便，我们在下面的讨论中，对经济增长的动力和动力机制不加区分。

以往的研究尽管大多用到复杂的技术手段，但对各种要素的分析往往是孤立的，或是"数据挖掘"型的，难以把握经济系统各要素之间对立统一、相互制约的演进规律，供给与需求的关联机制并未得到应有的重视。即使有些研究同时考察了供给与需求两个方面，但一般也是分别考察，它们之间的联系机理并未成为重点。尤其是自从供给侧结构性改革提出以来，学术界的研究几乎一边倒向供给侧，对于供给侧与需求侧两大动力的关系缺乏透彻的解读，甚至出现了否定需求的导向作用的错误认识。经济增长的内容是会变化的，但根据经济增长动力的内涵，经济增长的动力的本质是不变的，即供求联动决定经济发展。所以，实现经济增长动力转换的核心内容就是实现供求协调发展。

第二章 有效供给与有效需求联动与匹配的动力机制

第一节 收入分配是有效供给与有效需求协调发展的纽带

供给与需求作为矛盾的统一体，它们相互支撑、相互制约、相互推动的矛盾运动决定了国民经济发展。正是生产、分配、交换、消费四个环节的循环往复运动使得经济社会这一有机体得以生生不息，四个环节之间相互作用的核心是通过收入分配实现生产与消费之间的关联。也就是说，收入分配是联结供给与需求的"铰链"，是实现供求匹配的关键。收入分配的资源配置功能与激励机制影响有效供给，其分配结果影响有效需求，两个方面共同决定了经济增长的动力机制，即供求联动机制。所以，收入分配是供求联动的枢纽，是经济增长的动力支撑。

从广义上说，收入分配是指对微观分配结果产生影响的制度安排的总和。从分配结果来看，收入分配包含经济主体的收入水平和经济体的收入分配结构两个方面。收入水平包括绝对水平和相对水平（收入不平等），现有文献主要是从收入不平等的角度，展开收入分配对经济增长的影响机制研究，对于收入分配结构影响经济增长的作用机制，在理论上还缺乏深入的研究。一个地区的总产出在所有经济主体之间的分配形成了该地区的收入分配结构，它既包括不同阶层或者不同生产要素之间的分配，又包括微观组织或者个体间的分配。在一个经济体达到一定的人均收入水平，能够保证经济体内绝大多数个体满足生存、生活需要的情况下，收入分配结构起着更为重要的作用。在一定的经济水平上出现的产能过剩、需求不足或者供不应求等阻碍、迟滞经济增长的供需错配的现象，实质上是供给结构与需求结构不相匹配的表象，而收入分配结构直接影响着供给结构和需求结构，从而对经济增长有直接和重要的影响，是供求协调发展的纽带。

第二节 收入分配的激励效应

收入分配对供给的影响首先表现在通过激励效应影响物质资本、人力资本、技术创新等生产要素上。个人和企业等微观主体提供生产要素和从事经营活动是为了谋取报酬，市场主体的行为可以看作对报酬刺激的反应。如果推行平均主义收入分配，意味着那些投入相对较多的劳动和资本只能获得相对较少的报酬，而少付出者却可获得相对较多的报酬。这必然导致经济体对经济主体的激励不足，抑制生产积极性，生产要素的投入数量和使用效率都会受限，从而导致有效供给不足。对发明和技术创新而言，收入分配的激励效应更加明显和重要。总体上，熊彼特倾向认为，无论从哪个角度，所感知到的获利可能性（如果不是出于非常原始的需要）是发明之母。这种观点在技术史学家的观点中占主导地位。虽然不能否认由需要所诱致的发明和技术创新的存在，但激励的源头还是收入分配，因为激励的对象是生产而不是消费。长期来看，发明和技术创新之所以会进行，是因为人们相信发明和技术创新会带来利润，是对经济激励的反应，这说明发明和技术创新是内生的。此外，作为一种权力配置的政治制度和激励约束的经济制度，收入分配会通过要素配置模式（包括资本和劳动的配置模式）对要素结构和产出结构产生直接影响。平均主义的收入分配，除了降低人们的劳动积极性外，还会导致资源配置的平均化而使人们的经济活动受到人为的限制，经济体的活力不足，不利于经济增长。两极分化的收入分配则会造成起点不公和过程不公。例如，一些歧视性的制度和政策造成城乡较大的资源配置和福利待遇差别；行业垄断、地区发展失衡、企业身份歧视使得各个市场主体处于不平等竞争的地位；一些不合理的分配政策使得个体所得与其实际贡献不匹配。收入分配体系的扭曲，会造成投资和消费的过剩或不足，而结构性过剩和结构性短缺并存，本质上是资源错配的结果。另外，在收入分配出现两极分化的情况下，大量贫困人口无力积累物质资本，在基本生活得不到保障的情况下，更没有动力进行人力资本投资，导致贫困的代际转移和社会阶层的固化，使得整个社会的物质资本和人力资本投资受限，从而制约总供给能力的提高。最后，收入分配也会通过非经济因素影响供给。例如，当一种收入分配制度造成社会不稳定时，罢工、骚乱、暴力犯罪等破坏性活动甚至政权更迭与战争将动摇经济体系正常运转的制度基础，给经济体造成巨大的资源浪费，严重破坏生产秩序、损害供给能力。

第三节　收入分配的需求效应

收入分配主要通过分配结果决定购买力分布，进而对有效需求产生影响。当收入差距较大时，全社会的购买力较低，总需求受到制约。直观上说，两极分化的收入分配结构不能实现社会产品的分享，高收入者消费倾向很低，低收入者虽然消费倾向高，但购买力很低，供给与需求难以匹配。与此同时，收入差距较大时，逐利厂商会倾向生产价格高昂的奢侈品，忽视大众的消费需求，由市场机制决定的社会资源就会过度关注少数人的需求。这不利于全社会的发展和平均福利水平的提高。在平均主义的收入分配结构下，容易出现消费趋同和消费"排浪"现象，特定商品从短缺到饱和的过程在较短周期内完成，商品需求在短期内过于集中于某些类别，这势必造成生产能力的浪费和过剩，同时会损害消费需求的多样性，导致商品结构性过剩与短缺并存，阻碍经济可持续增长。一般认为，橄榄形的收入分配结构是比较理想的情况，这样的收入分配格局有利于促进大众消费和消费梯度升级，形成消费升级与经济增长相互促进的局面。形成橄榄形收入分配结构的前提是大多数人的收入达到一个基本的水平，并形成庞大的中等收入群体，收入差距既不能太悬殊，也不能太平均。

以上讨论表明，收入分配结构影响需求结构和社会总需求。

第四节 供求联动机制

从唯物辩证法的思想和系统论的观点来看，生产与消费是矛盾统一体，它们通过收入分配的联结实现了相互支撑、相互制约、相互推动的循环往复运动，构成了经济增长的动力或动力机制。作为联结生产与消费的枢纽，收入分配构成了经济增长的动力支撑。收入分配对生产的影响是通过资源配置和激励机制实现的，尤其是对科技创新的激励；对消费的影响是通过需求效应实现的，即收入分配的结果决定购买力的分布从而影响社会总消费和消费结构。供给与需求分别和生产与消费对应，因此，也可以说，供给与需求相互支撑、相互制约、相互推动的循环往复运动，构成了经济增长的动力机制。我们称之为供求联动与匹配的动力机制，简称供求联动机制。在以上视角下，我们把决定生产力升级换代的关键变量——技术创新与生产、消费、收入分配纳入统一的分析框架。在该框架之下，增加有效供给是经济增长的核心问题，供给与需求的循环往复运动构成了经济可持续发展的动力。这克服了孤立研究供给或需求的弊端。同时，技术创新成为经济增长的内生性问题，这对于理解有效供给与有效需求的关系与作用具有重要的理论与实践意义。

第三章 复杂性视角下中国经济增长动力机制重构的理论分析

第一节 分析框架

本课题围绕经济增长的"本质、动力、动力支撑、动力重构"展开,即通过辨析"经济增长为了什么,动力是什么,如何维持动力平稳,如何实现动力转换"来回答为什么中国经济发展长期受困于消费需求不足、生产过剩、供求失衡、创新不足、经济增长效益不高等问题,从供求协调发展、转变发展方式、转换增长动力的视角分析中国经济可持续发展问题,系统地从收入分配制度改革、体制机制创新、完善社会主义市场经济体制等多个维度思考中国经济增长的动力机制重构问题。基本分析思路是,从经济增长的本质出发揭示经济增长动力的内涵,从经济增长的动力源泉论述供求协调发展的重要性,从经济增长动力机制出发说明动力支撑。在此基础上,从消费需求在经济发展中的导向性作用、供给侧结构性改革对于提升有效供给能力的基础性作用两个方面,阐述收入分配制度改革和中国经济增长动力机制重构问题。

按照马克思主义的唯物史观,社会经济形态的发展是一个自然的历史过程。经济系统是一个有机体,影响经济发展的各种因素是互相关联的,分析经济增长的动力,需要从系统和全局的高度来思考(龚志民,

2015)。实际上,需求与供给是不能分割的一对,如同电池的正负极不能分割一样,是矛盾的统一体,既是相互制约的关系,又是相互支撑、相互推动的关系。研究经济增长,就必须把有效需求与有效供给"捆绑"在一起,"捆绑"就是以收入分配为切入点考察供求的关联性。为此,我们需要一个整体的分析框架,把决定生产力更新换代的关键变量技术进步和生产、消费、收入分配纳入其中,使其成为"问题分析、路径探索、方案与对策"的统一理论基础,以避免"头痛医头、脚痛医脚"的弊端。在该框架之下,增加有效供给是经济增长的核心问题,生产与消费的循环构成了经济可持续发展的动力,收入分配成为经济增长的动力支撑,技术创新成为经济增长的内生性问题。

就是说,消费必须与生产关联在一起,并以收入分配为联结点,经济增长的动力才能得到透彻的解释。因为收入分配为消费提供直接的动力,又同时通过资源配置功能和创新激励效应影响有效供给。它是联结供求的枢纽,是供求循环往复运动的支点。

第二节 复杂性视角下的动力机制分析

论及中国经济增长问题的文章中"三驾马车"这一经济名词频繁出现,这里的"三驾马车"分别是指投资、消费与净出口,而居民消费需求、政府购买需求、投资需求和国外需求(净出口)构成总需求,因此通常认为拉动一国经济增长的动力在于消费需求、投资需求及国外需求。正如第二章所指出的,"三驾马车"论源于支出法的 GDP 核算,是宏观视角下基于需求侧的动力观。"三驾马车"论从宏观线性视角出发,认为拉动经济增长的动力在于需求侧。当 GDP 的各组成部分都增加之后,那么作为总和的 GDP 也就增加了,投资、消费与净出口作为经济增长的动力便顺理成章了,所以"三驾马车"论已是根深蒂固的观念。

然而,这样的观点是将经济的各组成部分看成各自独立的个体/系统，是一种"还原论"① 思想下的思考，即从线性视角将整个系统看成各自独立的个体/系统的线性总和。以这种"还原论"的思想来看，似乎"三驾马车"中只要有马车跑，那么经济便能继续运行，即使其中一两驾马车跑得慢了，剩下的马车只要出力地跑，经济总量依然可以增加。"还原论"的方法论明显地忽视了经济系统的各组成部分之间的密切联系以及经济个体的能动性②，实际上，以复杂系统③的观点来思考经济系统，它并非各自独立的个体/部分线性加总的集合，各部分之间是密切相关的，经济个体之间、经济个体与经济环境之间存在复杂的交互行为。经济个体通过彼此相互影响与学习改变自身的行为，在受环境约束的同时，它与环境进行交互的结果又进一步调整或改变环境的属性进而反馈给个体，系统之间存在如此多的非线性关系，使得经济系统并非"1 + 1 = 2"的线性系统，而是一种非线性系统。经济系统不仅包含经济个体，还包含个体之间的交互，经济总体模式形成于个体行为，而个体行为反过来又会受到这种总体模式的影响，这实际上就是递归循环，正是这种递归循环使经济系统具备了复杂性。

　　由于局部与整体之间存在非线性关系，故不能通过局部来全面认识整体，"三驾马车"中无论哪一驾马车不跑，经济系统都不会良好地运行。如果一驾马车不跑，剩下两驾马车跑得再快，整个经济系统的运行也并非良好的；如果生产或消费的马车停下来，经济系统便会坍塌，而不仅仅是降低速度的问题。由此也可以看出，用"三驾马车"比喻经济增长的动力是不恰当的。因此，准确地说，"三驾马车"只是GDP的三大组成部分，反映了经济发展的结果，是微观经济主体在经济系统中相互作用的宏观结果，而非经济发展的原因，更非经济发展的根本动力。实际上，无论是单独从供给侧还是需求侧讨论经济发展的问题，虽

---

① 还原论或还原主义（Reductionism），是一种哲学思想，认为对于复杂的系统、事物、现象，可以将其化解为各部分之组合来加以理解和描述。
② 例如，乘数原理便不能用"三驾马车"论来解释，因为涉及微观主体之间的相互影响。
③ 复杂系统（Complex System）是由大量组分组成的网络，不存在中央控制，其通过简单运作规则产生复杂的集体行为和复杂的信息处理，并通过学习和进化产生适应性。

然侧重点不同，但它们的共同点都是从宏观层面来研究经济运行，这与主流经济学通常的"Top – Down"即自上而下的研究方法是一致的，没有很好地与微观行为的研究相联结。

关于"动力"的解释，因被赋予内涵的不同而有不同的理论解释，因此厘清"动力"的概念是至关重要的。以汽车的运行为例，汽油发动机以汽油作为燃料，将内能转化成动能，由于汽油黏性小、蒸发快，汽油喷入气缸，经过压缩达到一定的温度和压力后，用火花塞点燃，使气体膨胀做功。那么什么是汽车运行的动力？显然，我们不能说汽油就是汽车运行的动力，它是燃料，经过多个环环相扣的系统，最终由整个系统将其转化为汽车前进的动能。整个过程中产生动能的系统才是"动力机制"。

论及经济增长动力机制，必须认识到，经济社会系统作为有机体，是一个复杂适应系统①。事实上，经济系统中的行为主体，不管是银行、消费者、生产者，还是投资者，都会不断调整自身的行为（购买决策、价格制定等），以便适应所有市场行为所生成的市场环境（龚志民，2015）。无数微观主体通过不断调整自身的行为、决策，最终涌现出复杂的宏观规律。可以说，宏观层面的经济系统是从无数微观主体的自组织行为中涌现②出来的。简单的自组织行为的动力来源于人们从事经济活动的激励机制，正是由于激励机制对微观主体的刺激，复杂的经济系统便涌现出来。

在复杂的经济系统中，按照马克思系统论的观点，生产、分配、交

---

① 复杂适应系统（Complex Adaptive System，CAS）理论认为系统演化的动力本质上来源于系统内部，微观主体的相互作用生成宏观的复杂性现象，其研究思路着眼于系统内在要素的相互作用，所以它采取"自下而上"的研究路线；其研究深度不限于对客观事物的描述，而是更着重于揭示客观事物构成的原因及其演化的历程。与复杂适应系统思考问题的独特思路相对应，其研究问题的方法与传统方法也有不同之处，是定性判断与定量计算相结合，微观分析与宏观综合相结合，还原论与整体论相结合，科学推理与哲学思辨相结合。

② 涌现是指系统中的个体遵循简单的规则，通过局部的相互作用构成一个整体的时候，一些新的属性或规律就在系统的层面诞生，这些属性与规律不是个体属性的简单相加。

换、消费之间的矛盾运动决定了国民经济的发展，其背后的决定力量是人的动机、行为及其相互影响，进一步延伸，则包括企业等各种经济主体的行为及其相互作用。对经济主体的动机和行为最重要的激励来源于收入分配，因为收入是"生存、生活、更好的生活"的最基本、最重要的前提，收入分配不仅决定了对生产的激励效应，同时还关系到购买力分布乃至社会总需求，即关乎全社会对经济发展成果的分享。正如第二章所指出的，在现代金融体系下，社会再生产的四个环节之一的交换是通过消费过程来实现的，因此，生产与消费在收入分配支撑下所表现出的相互支撑、相互制约、相互推动的循环往复运动构成经济增长的动力机制。在这个意义上，收入分配是"生产并分享更多更好的产品"能否持续实现的关键，因此也是中国经济增长动力机制重构的关键。

第三节 收入分配制度改革是中国经济增长动力机制重构的核心

生产、分配、交换、消费之间的循环往复运动的动力系统的运转就是微观主体的需要得到满足和实现的过程，从宏观层面上说就是经济增长。而对微观主体的激励和有效供给能力都受制于当前的制度安排。制度安排的核心是权力配置，权力配置影响资源配置并决定收入分配，后者决定着有效供给与有效需求的协调发展。所以，可以说，经济增长的动力就是在当前环境（技术、体制）下"生存、生活、更好的生活"这一微观动机对生产和消费的推动。理解微观动机是把握宏观规律的基础，但微观动机不是无中生有，它有生成的土壤，这个土壤就是具有复杂性特征的社会经济系统。社会经济系统作为复杂适应系统，它的复杂性主要表现在其参与主体的适应性方面，即个人、企业、政府等对环境的适应性，也就是根据外部环境调整自身行为的能力。这里的环境包括自然环境和社会环境，其他主体的行为也构成环境的一部分。收入分配是外部环境的重要组成部分，它是对生产最重要的激励，也是经济主体之间的相互作用导致良好秩序的关键,是全社会合理分享经济发展成果的最重要的制度安排。因此,实现经济可持续发展、高质量发展的关键是以收入分配制度改革提升供给侧响应消费需求的能力,平衡收入分配的激励效应和需求效应,实现供求协调发展。

按照传统的经济增长动力的定义,或按照"三驾马车"论,增加投资、消费或净出口都是提升经济增长动力的基本手段,但根据动力机制的本质,这些都是短期行为,李佐军(2014)很早就提出了类似的观点。按照本课题提出的供求联动机制的动力观,投资、消费是动力的一个环节,这并没有削弱投资或消费对于经济增长的重要性,而是更加突出了投资和消费作为动力链条节点不可或缺的重要性。当"三驾马车"中有一驾减速甚至完全停下时,经济尚能运行,只是速度会下降;但如果动力链条的一个节点断开,动力便完全消失。投资与生产相对应,供求联动机制的动力观更加凸显出生产和消费作为经济增长两个动力节点的至关重要性。如果生产和消费是经济增长动力的两个节点,那么收入分配则是两个节点之间的"传送带"。理解两个节点之间的关联性即供给侧和需求侧的关系,对于我们把握收入分配制度改革的方向和思路具有重要意义。

一方面,增加有效供给是经济增长的核心问题。生产与消费的矛盾运动中,生产是主要矛盾,在经济发展的过程中具有决定性作用。人类的经济活动就是创造、转化、实现价值,满足人类物质文化生活需要的活动。物质资料生产是人类生存的基础,是人类社会存在的基础。随着经济发展水平的提高,对更高质量的生活的追求自然成为人类新的追求,实现的载体是"更多更好的产品",虽然产品的内容和形式是不断拓展和变化的,物质产品的比重逐步降低,但生产对于经济增长的决定性作用是不变的。党的十九大报告进一步强调,深化供给侧结构性改革。建设现代化经济体系,必须把发展经济的着力点放在实体经济上,把提高供给体系质量作为主攻方向。所有需求的实现,都要以生产为基础,这是供给侧结构性改革的逻辑,也是生产决定消费的逻辑。

另一方面，坚持消费需求导向是对经济增长本质的回归。经济增长的根本目的是实现人的全面发展，提高人民的福祉，舍此再无其他。消费是社会再生产过程中的起点和终点，人民的福祉和人的全面发展无一例外都是通过消费来实现的，因此经济增长的要义就是在资源约束条件下尽力满足消费者不断增长的需求。消费在经济增长中是否起到导向性作用是区分经济发展是否以人为本的试金石，以消费需求为导向的经济发展理念体现了经济增长的内涵，是对经济增长本质的回归。坚持消费需求的导向性作用，也是市场经济的逻辑："我为他人，他人为我"。企业的生存和发展与其为消费者提供的产品和服务紧密关联，这也是"创业求生存、创新求发展"的机制，坚持消费需求的导向与"市场机制在资源配置中起决定性作用"的内涵是一致的。坚持消费需求导向，就必须把经济增长的质量和效益放在首位，这与 GDP 导向的本质差别是，后者追求经济增长速度，而很少追问人民能从中得到多少福祉。

以上分析也表明，坚持消费需求导向是供给侧结构性改革的应有之义。有效供给与有效需求均以收入分配作为支撑，或者说，收入分配是连接两者的枢纽。从这个意义上说，中国经济增长动力机制重构的关键是收入分配制度的改革，改革的基本目标是激励生产、激发消费，实现经济发展成果的合理分享。

第二篇

供求联动视角下收入分配影响经济增长的研究：动力分析

本篇从动力的视角即供求联动机制的视角，分析收入分配在经济增长中的地位和作用。通过分析收入分配对有效供给、有效需求、技术进步和经济增长的影响，验证收入分配对经济增长的纽带作用。正是收入分配把生产与"有效供给与有效需求"联结为一个有机体，它们相互支撑、相互制约、相互推动的循环往复运动构成了经济增长的动力。根据动力的要义，单个生产要素都不是经济增长的动力，孤立的生产或消费也不能构成经济增长的动力，而是动力链条的一个节点。把这些节点联结起来的收入分配，成为经济增长的动力支撑。

第四章　收入分配对消费需求的影响研究

第一节　研究背景与文献

关于消费需求的研究文献有很多，因为消费需求与经济增长有十分密切的关系。消费需求对经济增长具有重要影响，这不仅是学术界的普遍共识，也是中国政府长期奉行需求管理的出发点。消费作为拉动经济发展的"三驾马车"之一，在经济增长中扮演着重要的角色，与投资相比较，消费是拉动经济增长更可靠的动力（洪银兴，2013），是经济平稳运行的"压舱石"。从经济增长的本质来说，消费是生产的最终目的，其重要性是不言而喻的。从经济增长的过程来说，消费需求的增长促进产业结构的优化，提高就业率，从而实现经济总量的增长。所以，短期来说，提升消费需求是拉动经济增长最直接的方式。实际上，从社会再生产的四个环节分析消费需求能更好地理解其重要性。根据马克思关于社会再生产的论述，消费需求是社会再生产过程"生产、分配、交换、消费"的基本前提、内在因素和必要条件，是任何社会形态生产的最终目的。社会经济系统是一个有机体，社会再生产过程中的四个环节是相互制约、相互支撑、相互推动的辩证统一关系，从这个意义上说，经济增长的动力来源于生产与消费的循环往复运动，消费是动力的一个节点，其重要性胜过"三驾马车"。但是，从长期来看，消费不能作为促进经济增长的直接着力点。供给侧结构性改革正是在需求管理政策的边际效应逐步下降的背景下提出的，也意味着我们对"需求不足"的本质有了更深刻的理解。理论界从马克思关于生产与消费的关系的论述中归纳出"生产决定消费，消费对生产有反作用"这一基本命题，马克思"生产决定消费，消费会对生产本身起反作用"这一基本论断表明，在生产与消费的矛盾运动中，生产是起支配作用的，它揭示了经济增长的本质：生产更多更好的产品并共同分享，其难点当然是前者。就是说，消费需求不足并非消费者没有消费意愿，现实的原因是没有能力消费或不敢消费，应归结于收入分配问题或预期的问题（信心不足）。因此，消费的决定因素或支撑点是我们更应该探索的问题。我们的观点是，收入分配是决定消费需求的主要因素。本章将在供求联动的视角下，研究收入分配对消费需求的影响，揭示收入分配影响消费需求的作用机制并进行实证研究，并从扩大消费需求的视角探讨收入分配改革问题。

在收入分配影响消费需求的文献中，大多数其实是研究收入分配差距对消费需求的影响，一般的观点是较大的收入差距会抑制消费需求。例如，李实和罗楚亮（2011）通过检验基尼系数与平均消费倾向之间的关系，断定收入分配差距过大严重影响居民消费需求；罗云毅（2004）也认为收入差距扩大抑制消费需求的结论是符合逻辑的，因为一般来说高收入群体的消费倾向较低；刘振彪和尹剑峰（2005）的研究认为收入分配差距抑制消费需求和投资需求，而经济的持续稳定增长依赖收入分配能为之提供更大的市场需求；伍晓榕和彭海艳（2007）认为收入差距不仅制约了有效需求的总量，同时也影响消费需求结构。但是，另一种观点认为，消费需求不足不是由收入差距导致的。例如，Keefer和Stephen（1995）的实证研究发现收入分配的差距扩大不一定导致消费减少；许永兵（2005）认为中国消费需求的减少主要归因于预期支出的增加，而不是收入差距的拉大；白重恩和钱震杰（2009）的研究发现，正是居民收入在国民收入分配中的占比下降，而不是居民之间的收入差距扩大,对消费率的下降负有更大的责任;李军(2003)虽然从理论上证明了收入差距扩大会降低总消费水平,但他的测算表明,在中国城镇居民中,高收入群体(按国家统计局划定)的收入总量占全体居民收入总量的 70% 左右,高收入群体的平均消费倾向仍较高,所以收入差距尚不是构成消费需求不足的主要原因。吴忠群和王虎峰(2013)的研究得出了明显不同的结论,即基尼系数对平均消费倾向的影响并不显著,也就是说,中国的低消费率与收入差距不存在直接关系。该论断似乎有些出乎意料,但与边际消费倾向递减规律并无矛盾,作者给出的解释是,中国居民的消费行为可能更接近持久收入假说。Kiminri(2002)研究了收入分配格局对经济增长的影响,提出了雁阵理论,他发现大众消费会对经济发展产生积极的推动作用,消费和经济增长可以相互促进,形成雁阵。大众消费的前提是大多数人的收入达到一个基本的水平,收入分配不能太悬殊,也不能太平均。我们从以上文献得到的启发是,影响消费需求的应该是收入分配的整体格局,收入差距作为收入分配的一个特征,用于解释消费需求的成因可能是不得要领的。这样就不难理解,对于收入差距对消费需求的影响,有完全不同的结论。实际上,收入差距影响消费需求的研究大多建立在逻辑分析上,严格的实证检验很少。所以,我们认为,收入分配影响消费需求才是一个恰当的命题。与此相类似,收入差距影响经济增长也不是一个合适的命题,应该关注的是收入分配对经济增长的影响。

对于劳动收入占比与消费需求的关系,已有很多探索。刘东皇和沈坤荣(2012)采用 1992~2012 年中国 31 个省份[①](未包含港澳台地区)的面板数据证明,提高劳动收入占比有利于居民消费率的提高;高帆(2014)得出了劳动收入占比提升 1%,居民消费率约提升 0.27% 的实证结论。劳动收入占比是收入分配的一个重要特征。一方面,劳动收入占比是劳动与资本收入的分割,它实际上是一般劳动者与资本所有者

---

① 本书中"省份"包括省、自治区、直辖市。

的劳动报酬的划分，它能刻画对劳动者的激励是否恰当；另一方面，在一定范围内，劳动收入占比的提高有助于扩大中产阶级的群体，促进橄榄形结构的形成，从而提高社会总需求。就是说，劳动收入占比同时与激励效应及需求效应相关。所以，在某种意义上，劳动收入占比刻画了收入分配的合理性，或者说，它是收入分配兼顾激励效应和需求效应的一个指标。为了更全面地刻画收入分配的合理性，我们需要一个指标来刻画劳动者之间收入分配的合理性。考虑到目前还存在广泛的行业收入差距、城乡收入差距、地区收入差距等问题，我们权且用基尼系数作为替代。

以上文献的研究有一个基本共识，即收入分配是影响消费的一个重要因素。本章要探讨的问题本质上是收入分配的合理性如何影响消费需求（龚志民、陈笑，2019）。从理论上讲，居民消费水平归根结底还是取决于其收入水平，而合理的收入分配格局才是提高整体收入水平的保证，是实现消费需求和经济持续增长的不竭动力。本章将阐述收入分配影响消费需求的机制，并进行实证检验。

影响机制通过两个效应来实现：一是需求效应，收入分配影响购买力的分布，从而影响有效需求；二是激励效应，收入分配通过激励作用和资源配置功能影响有效供给从而间接影响有效需求。从有效供给与有效需求联动的视角来看，合理的收入分配既发挥了激励有效供给的作用，又同时为消费需求提供直接的动力，供给与需求的循环往复运动构成了经济可持续发展的动力。激励效应与需求效应是相辅相成的。

第二节 收入分配影响消费需求的机制分析

我们首先说明收入分配的内涵。马洪和孙尚清（1998）在其主编的《经济与管理大辞典》中分析了收入分配两个方面的含义，第一种含义是指国民收入在各种生产要素之间的分配，第二种含义是指收入在国民之间的分配。向书坚（2000）在《中国收入分配格局研究》一书中指出，收入分配是指社会生产成果按照生产过程中所做贡献的大小在生产要素之间，以及要素所有者之间根据其拥有要素的多少进行分配的一种活动。就本课题的研究目的而言，我们特别关注功能性收入分配（第一种含义），向书坚给出的定义正好切合这一要点。但功能性收入分配是难以测度的，只能通过其分配结果来描述，侧重于分配结果的分析就是规模性收入分配（第二种含义）。更准确地说，规模性收入分配是指社会产品或国民收入在一个社会内部的不同集团之间、不同社会成员之间的分割或占有（王文利，2004）。收入分配的结果本质上是一个分布函数，我们将用它的一些特征来描述收入分配。

一 供求协调发展视角下收入分配影响消费需求的机制

按照马克思的系统论的思想，"消费需求不足、产能过剩"的问题不是孤立的需求问题。供给不能独立于需求而存在，需求也不能离开供给而独自发挥作用，从供求协调发展的视角看问题，我们对消费需求不足的问题将有更深刻的认识。"供给过剩"与"需求不足"的直接原因是居民的支付能力太低，或者是产品不合意（不符合消费者的要求）或者没有社会价值（超过市场容量），更深层次的原因是供给侧的问题或收入分配的问题。

对于我国新常态下消费需求不足的问题，无论是国家干预主义强调的需求拉动供给，还是经济自由主义主张的供给创造需求，都没有很好的解决方案。因为两种主张都只关注矛盾的一个方面。根据第二章的分析，生产与消费的循环往复运动构成经济增长的动力，生产与消费分别对应于有效供给与有效需求，有效供给与有效需求相互支撑、相互制约、相互推动的循环往复运动的支撑点是收入分配。所以，消费需求不足在很大程度上与收入分配结构失衡是直接相关的。收入分配是生产、分配、交换和消费的矛盾运动中的重要一环，它是联结生产与消费的关键环节。收入分配通过购买力分布影响社会总需求，又通过激励效应和资源配置效应影响有效供给从而对有效需求产生影响，前者是直接影响，后者是间接影响。如果收入分配失衡，供求联动被阻断，供给与需求的匹配失去基础，不能共享成果，生产就难以持续发展。

二 收入分配对消费需求的直接影响

单个居民或家庭的消费需求取决于自身的收入和偏好，社会总需求则取决于购买力的分布。收入分配对消费需求的直接影响表现为它决定了购买力的分布。社会总需求并非家庭购买力的简单加总，实现了的购买力才体现为社会需求。所以，在收入总量一定的情况下，收入分布情况会影响总需求。宏观经济模型中的收入支出模型给我们一个重要的启示，其表达式如下：

$$W + D + T + R = GDP = C + I + G \quad (4-1)$$

其中，W 表示劳动报酬，D 表示固定资产折旧，T 表示生产税净额，R 表示营业盈余。如果固定资产折旧和生产税净额不变，那么当营业盈余增加时，劳动报酬就会减少，以劳动报酬为主要收入来源的居民购买力就会下降，消费需求就会减少。获得资本收入的群体往往具有较高的收入，其消费倾向较低，他们增加的消费不能抵消中低收入群体减少的消费，社会总需求下降。

收入分配的合理性有两个主要的构成要素，一是资本与劳动报酬的分割，二是劳动者之间的收入分布。如果市场竞争比较充分，劳动者之间的收入分配比较合理，那么收入分配不合理的主要来源就是资本与劳动报酬的划分。然而，劳动者之间的收入分配在当前仍然存在比较严重的不公平。例如，国有企业获取资源的成本比民营企业低一些，国有企业职工与民营企业职工之间的收入存在较大的不平等，这构成了收入分配不合理的另一个来源。但劳动收入占比的问题受到的关注更多，因为在初次收入分配中，中国长期存在着"资本－劳动"收入分配严重失衡的现象，扭曲了整体收入分配格局，导致消费需求不振。

通过考察我国劳动报酬占比与资本报酬比例的变动，我们发现，1983～2011 年，我国劳动报酬占比基本呈下降趋势（见图 4-1），2012

年后略有回升，这说明我国收入分配中的资本与劳动之间的分配是明显向资本倾斜的，呈现出"资强劳弱"的局面。正因为如此，我国资本所有者的收入增长较快，而普通劳动者的收入增长缓慢。由于"累积效应"的存在，资本所有者可以利用积累的资本财富进行再投资，财富收入不断增加，而普通劳动者缺少投资资本，财产性收入很少，两个群体之间的收入差距越来越大。简言之，在收入分布中处于较低位置的个体，其主要收入来源是劳动所得，处于收入分布中较高位置的个体，资本所得占比较大。劳动者之间劳动报酬的不公平是收入分配不合理的另一个来源，广受批评的是国有企业与民营企业获取资源的成本与难易程度存在较大差别，其根源是国有企业与民营企业（尤其是中小民营企业）之间的差异化政策。以上两个因素的共振加剧了收入差距的扩大。

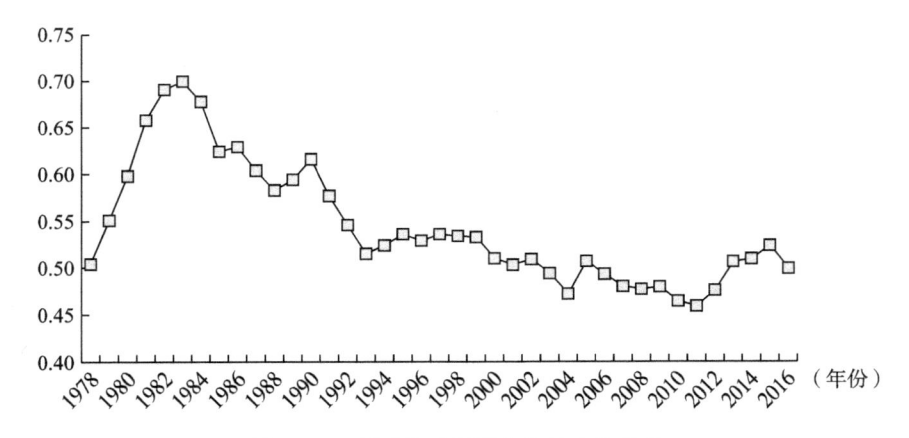

图 4-1 我国劳动报酬占比的变化趋势

有效需求是凯恩斯《就业、利息和货币通论》中的重要概念，其本质是供求均衡时的消费需求量，也经常表述为"有支付能力的需求"。根据中国不同收入群体的消费倾向情况可以看出收入分配是如何影响有效需求的。收入分配的完整描述本质上是一个分布函数，一般没有足够的信息来精确地刻画它。但根据数据的可得性，我们可以利用五等份收入分组的数据分析有效需求。2013~2016 年全国居民按收入五等份分组的可支配收入占比、2000~2012 年城镇居民按收入五等份分组的可支配收入占比见表4-1、表4-2。从我国城镇居民收入的五等份分组来看：2002~2011年，在城镇居民中，20%的高收入群体的可支配收入在城镇居民五等份中占36%~39%（见表4-2），但他们仅仅贡献了33%~35%的购买力（见表4-3），而20%的低收入群体仅仅占有8%~9%的可支配收入，但他们释放了10%~11%的购买力。比较而言，高收入群体更容易将没有用于消费的收入用作资本投资，以获得资本性收入，而低收入者却入不敷出。

表4-1 2013~2016年全国居民按收入五等份分组的可支配收入占比

单位：%

年份	低 （20%）	中等偏下 （20%）	中等 （20%）	中等偏上 （20%）	高 （20%）
2013	4.33	9.50	15.46	23.98	46.72
2014	4.27	9.79	15.86	24.23	45.85
2015	4.34	9.88	16.04	24.45	45.30
2016	4.23	9.88	16.02	24.49	45.37

表4-2 2000~2012年城镇居民按收入五等份分组的可支配收入占比

单位：%

年份	低 （20%）	中等偏下 （20%）	中等 （20%）	中等偏上 （20%）	高 （20%）
2000	11.11	15.46	18.89	22.68	31.86
2001	10.77	15.14	18.64	22.83	32.61
2002	8.98	13.81	17.70	22.58	36.93
2003	8.84	13.60	17.76	22.46	37.35
2004	8.59	13.36	17.44	22.38	38.24
2005	8.34	13.30	17.37	22.43	38.57
2006	8.49	13.40	17.19	22.44	38.48
2007	8.70	13.55	17.29	22.37	38.10
2008	8.47	13.43	17.42	22.74	37.94
2009	8.67	13.57	17.38	22.60	37.77

续表

年份	低 (20%)	中等偏下 (20%)	中等 (20%)	中等偏上 (20%)	高 (20%)
2010	8.84	13.75	17.36	22.40	37.65
2011	8.95	13.78	17.42	22.29	37.55
2012	9.98	14.87	18.64	17.75	38.76

资料来源：根据国家统计局数据进行计算整理（由于国家统计局统计口径的变化，2012年之后收入五等份不区分城镇与农村，表4-1是全国居民的收入五等份占比情况，40%的较高收入者占据了70%左右的收入，进一步说明了收入分配的不合理；而2012年之后居民的购买力不再进行五等份的划分，因此正文中列出来的是2012年之前的数据，并且各个占比都是进行了相应的计算后得到的）。

表4-3 2000~2012年城镇居民按收入五等份分组的购买力占比

单位：%

年份	低 (20%)	中等偏下 (20%)	中等 (20%)	中等偏上 (20%)	高 (20%)
2000	12.92	16.58	19.28	22.42	28.80
2001	12.83	16.58	19.40	22.53	28.67
2002	10.64	15.01	18.49	22.53	33.33
2003	10.62	14.96	18.54	22.54	33.33
2004	10.49	14.83	18.21	22.18	34.29
2005	10.16	14.63	18.29	22.18	34.76
2006	10.09	14.68	18.03	22.12	34.99
2007	10.79	14.97	18.03	21.81	34.39
2008	10.52	14.82	18.13	22.14	34.39
2009	10.54	14.83	17.93	22.62	34.08
2010	10.60	14.88	18.09	22.21	34.22
2011	10.97	14.92	18.04	22.11	33.96
2012	11.36	15.21	18.24	21.91	33.28

资料来源：根据国家统计局数据进行计算整理。

从农村居民的纯收入五等份分组情况来看，收入分配不合理的情况更严重。20%的高收入群体的纯收入占农村居民收入的38%~41%（见表4-4），但仅实现了28%~34%的购买力（见表4-5）；20%的低收入群体仅占6%~8%的可支配收入，释放了12%~15%的购买力。

比较而言，农村高收入群体有更多的储蓄或投资，可获得资本性收入，低收入者愈加入不敷出。总体而言，不论是城镇还是农村，低收入群体的购买力均超出其收入占比水平，而高收入群体则恰恰相反。

表4-4 2002~2012年农村居民按收入五等份分组的纯收入占比

单位：%

年份	低（20%）	中等偏下（20%）	中等（20%）	中等偏上（20%）	高（20%）
2002	7.59	12.83	17.08	22.59	39.91
2003	7.22	12.61	16.90	22.62	40.64
2004	7.55	13.02	17.22	22.69	39.52
2005	7.21	12.96	17.25	22.80	39.78
2006	7.30	12.93	17.31	22.95	39.51
2007	7.25	13.10	17.45	23.01	39.19
2008	7.02	13.08	17.65	23.00	39.25
2009	6.68	12.77	17.54	23.26	39.69
2010	7.12	12.97	17.60	23.26	39.06
2011	6.52	13.07	17.72	23.44	39.24
2012	6.61	13.01	17.88	23.53	38.97

资料来源：根据国家统计局数据进行计算整理。

表4-5 2002~2012年农村居民按收入五等份分组的购买力占比

单位：%

年份	低（20%）	中等偏下（20%）	中等（20%）	中等偏上（20%）	高（20%）
2002	12.38	15.09	18.03	21.60	32.90
2003	12.32	15.01	17.87	21.43	33.37
2004	12.89	15.40	17.96	21.31	32.44
2005	13.62	15.99	18.33	21.35	30.71
2006	12.97	15.36	18.27	21.57	31.83
2007	13.02	15.65	18.33	21.61	31.39
2008	13.26	15.61	18.22	21.46	31.45
2009	13.28	15.43	18.07	21.67	31.56

续表

年份	低(20%)	中等偏下(20%)	中等(20%)	中等偏上(20%)	高(20%)
2010	13.22	15.79	18.29	21.51	31.18
2011	14.61	16.46	18.60	21.40	28.93
2012	14.49	16.40	18.71	21.81	28.59

资料来源：根据国家统计局数据进行计算整理。

以上现象可从凯恩斯的"边际消费倾向递减规律"中找到解释：居民可支配收入越高，其边际消费倾向越低，高收入群体的边际消费倾向往往低于低收入群体。表4-6与表4-7是根据国家统计局相关数据计算的居民消费倾向，不管是城镇居民还是农村居民，其按收入五等份分组的各组边际消费倾向均随收入增加而减小。可见，较大的收入差距会造成社会消费需求的不足。

表4-6 城镇居民按收入五等份分组的边际消费倾向

分组	低(20%)	中等偏下(20%)	中等(20%)	中等偏上(20%)	高(20%)
边际消费倾向	0.7787	0.6899	0.6640	0.6453	0.5922

表4-7 农村居民按收入五等份分组的边际消费倾向

分组	低(20%)	中等偏下(20%)	中等(20%)	中等偏上(20%)	高(20%)
边际消费倾向	1.8207	0.9522	0.7662	0.6693	0.5199

三 收入分配对消费需求的间接影响

如前所述，有效需求概念本质上是供求达到均衡时的需求量，也就是实际观察到的消费需求总量。显然，有效需求不仅与购买力分布有关，同时也与供给有关，与供给数量和质量有关。收入分配对生产的激励效应影响有效供给进而对消费需求产生影响，我们称这种影响为间接影响。间接影响主要表现为收入分配对劳动生产积极性产生激励作用，推动企业技术创新，生产高质量产品，提高供给侧响应消费需求的能力，从而提高社会总需求。在经济新常态的背景下，实现转型升级的关键是推动高质量发展。在当前的经济发展水平下，需求刺激的管理政策已难见成效。事实上，中国境外消费迅速增加的事实，也说明中国有效需求不足不是孤立的需求问题，有效供给不足也是一个重要原因：有效供给能力的欠缺导致部分消费需求不能实现，即企业的生产能力不能回应与经济发展水平相适应的消费需求。中国当前供给过剩与供给不足并存这一看似矛盾的现象，恰恰说明问题的本质是有效供给不足，即部分生产能力超过社会需求，而对于消费者有需求的部分产品企业又不能生产。从经济增长的本质"生产更多更好的产品并共同分享"来说，有效供给与有效需求失衡的问题其实是由分享机制的不合理造成的，我们能够分享的只能是有能力生产的，但有能力生产的未必是社会需要的。按理说，如果有充分的市场竞争，资源配置合理，供给过剩不可能长期存在，社会需要也会促进生产能力的提高，如果供给过剩长期存在，一定是激励不当导致资源配置扭曲，个体生产不能转化为社会生产；与此相对应，有效供给不足是激励不到位的结果，没有适当的激励，生产者便缺乏满足消费需求的动机。最重要的激励来自收入分配的激励，作为生产与消费的联结，收入分配是供求协调发展的支撑。生产决定消费，必须首先激励生产，才有分享的物质基础，恰当的分享规则才能激发生产的积极性。任何特定的消费需求都会趋于饱和，人类对美好生活的需要是没有终点的，消费结构升级对产业结构升级和产品质量提出新要求，这只能依靠技术进步和科技创新来实现。科技创新是复杂性劳动，更需要激励。所以收入分配是提升有效供给的保障。劳动者从事劳动的动机是获得报酬，而不合理的收入分配会挫伤劳动者的积极性，失去创新的源头。有效消费需求的实现，不仅要求消费主体有购买能力，同时也需要能够满足消费者需求的消费客体，即生产的商品与服务。若供给能力与需求潜力产生割裂,将导致严重的供需错配,制约消费需求的增加。

十九大报告进一步强调要坚持按劳分配原则,一个重要的政策内涵是提高劳动收入占比。收入在资本、劳动之间的合理分配,不仅保障了劳动者可支配收入水平,而且作为一种激励手段,能促使劳动者通过多种途径提升自身竞争优势,进而提升全社会的人力资本水平和有效供给能力,更好地满足并创造需求。

四 收入分配对供求协调发展的作用

在经济发展到一定阶段时出现了需求不足、产能过剩的问题,实质上是供给结构与需求结构不相匹配的表象,而收入分配的格局直接影响着供给结构与需求结构。在生产、分配、交换与消费的四个环节的矛盾运动过程中,由于交换在现代金融体系下往往是在消费过程中实现的,该矛盾运动的核心就是生产与消费的联动与匹配,两者以收入分配联结:通过收入分配的激励,生产"更多更好的产品",再以合理的分配共享"劳动成果"(消费)。因此,收入分配是有效供给与有效需求联动与匹配的重要支撑,因此也是决定消费需求的重要环节。收入分配起到的作用是激励生产和激发消费,并实现供给与需求的相互促进与结构匹配。所以,收入分配是供求联动的枢纽,也是实现有效供给与有效需求协调发展的重要支撑。

第三节 收入分配影响消费需求的实证研究

一 基于时间序列的分析

(一)变量选取与模型构建

国内外学者对于消费需求的影响因素已有比较深入和广泛的研究。一般认为,收入水平、收入差距、社会保障水平、消费文化等是影响消费的重要因素。例如，娄峰和李雪松（2009）认为影响消费需求的主要因素有收入、物价、收入差距、地区差异、消费观念等。但我们认为，相对于收入水平和收入差距，收入分配（格局）是一个更恰当的解释变量。潘明清和高文亮（2014）也有类似的观点，他们认为国民收入、国民收入在居民部门的分配比例、居民部门收入在居民个体之间的分配比例以及居民个人的消费倾向是影响消费需求的重要影响因子。为了提供相应的证据支持，构建如下模型并利用相关的数据进行验证。

$$CR_t = \beta_0 + \beta_1 LR_t + \beta_2 Gini_t + \beta_3 Tax_t + \beta_4 SSR_t + u_t \quad (4-2)$$

其中，t 表示时间，u_t 为随机误差项。

对所选取的变量进行如下说明。

居民消费率 CR 为被解释变量，用支出法核算的居民总消费占 GDP 的比值衡量，数据来源于国家统计局。

劳动收入占比（LR）。收入分配或收入分配格局本质上是一个分布函数，是无法用一个指标来描述的。但我们聚焦于收入分配的合理性时，劳动收入占比是衡量合理性的一个重要方面。劳动和资本对于国民经济发展具有重要意义，劳动和资本在国民收入中所占比重是我国收入分配格局的重要组成部分。所以，本书把劳动收入占比作为重要的解释变量。关于劳动收入占比的测算，以往的研究主要有两种方法，一种是要素成本增加值法，另一种是毛增加值法。要素成本增加值法剔除间接税（以生产税净额表示），没有将间接税作为资本的收入，资本收入占比和劳动收入占比的计算公式分别为表 4-8 中的（1）、（2）；而毛增加值法则没有剔除间接税，计算公式为表 4-8 中的（3）、（4）。

以上两种方法应用虽然广泛，但有学者质疑。Gomme（2004）认为国民经济按严格的要素收入核算并非十分合理，如生产税净额，既不属于资本收入所得也不属于劳动收入所得。吕冰洋（2012）基于政府部门的重要性，认为国民收入归属于资本、劳动、政府，从而提出了税前和税后两种计算方式，更具有说服力。税前和税后资本收入占比和劳动收入占比计算公式如表 4-8 中的（5）~（8）所示。

表 4-8 劳动收入占比计算公式

要素成本增加值法	（1）资本收入占比 =（国民生产总值 - 生产税净额 - 劳动报酬）/（国民生产总值 - 生产税净额）
	（2）劳动收入占比 = 劳动报酬/（国民生产总值 - 生产税净额）
毛增加值法	（3）资本收入占比 =（国民生产总值 - 劳动报酬）/国民生产总值
	（4）劳动收入占比 = 劳动报酬/国民生产总值
税前	（5）资本收入占比 =（国民生产总值 - 生产税净额 - 劳动报酬）/国民生产总值
	（6）劳动收入占比 = 劳动报酬/国民生产总值
税后	（7）资本收入占比 =（国民生产总值 - 生产税净额 - 劳动报酬 - 资本所得税）/国民生产总值
	（8）劳动收入占比 =（劳动报酬 - 劳动所得税 - 社会保险缴款 + 社会保险支出）/国民生产总值

本章在借鉴吕冰洋（2012）等的测算公式的基础上，为了更突出资本收入占比和劳动收入占比的关系，将国民生产总值剔除生产税净额和固定资产折旧，劳动收入占比公式如下：

$$劳动收入占比 = \frac{劳动报酬}{国民生产总值 - 生产税净额 - 固定资产折旧} \qquad (4-3)$$

劳动收入占比的测算数据来源于《中国统计年鉴》和《新中国五十五年统计资料汇编》，其中劳动报酬和生产税净额均来自国家统计局的历年统计年鉴的资金流量表，固定资产折旧由 31 个省份的地区生产总值构成项目中的数据推算而来，由于资金流量表数据公布年份是 1992~2015 年，故本章研究数据以此时间段为基础。

基尼系数（*Gini*）。它是衡量一个国家或地区居民收入差距的常用指标，大多数学者认为收入差距的扩大会制约消费需求，但是 Keefer 和 Stephen（1995）等认为收入不能太悬殊也不能太平均。基尼系数测算数据的来源分两个部分，1992~2000 年的数据来自 Zhang 和 Kanbur（2001）的测算，2001~2015 年的数据来自国家统计局。

税收水平（*Tax*）。在全社会的产品分配过程中，政府主要是通过税收获得收入的，个人所得税、消费税、营业税等是政府获得收入的主要方式,较重的税收负担在一定程度上会减少劳动者、企业的收入所得,进而降低劳动者与企业生产创新的积极性,也会从供给与需求两个方面抑制消费需求的增加。该变量用税率来表示,用税收与支出法下的生产总值比重来衡量,数据来自《中国统计年鉴》。

社会保障水平(SSR)。社会保障不仅能够通过收入效应和替代效应的双重作用影响居民的消费需求,而且能通过提升中低收入者的收入水平来提升消费倾向。本书采用通用做法,用社会保障支出占 GDP 的比重来衡量。社会保障支出和 GDP 的数据都来自《中国统计年鉴》。

(二) 回归分析

本章运用协整理论的相关方法对居民消费率与劳动收入占比、基尼系数、税收水平、社会保障水平之间的关系进行实证研究。为了方便计算和减少异方差性,将解释变量和被解释变量、控制变量进行取对数处理,为了避免出现伪回归等问题,首先对数据进行平稳性检验。常用的方法是 ADF 检验,考察时间序列是否存在单位根,用 Stata 软件检验平稳性,结果见表 4-9。

表 4-9 单位根检验结果

变量 (d)	检验形式 (CTK)	ADF	5% 临界值	结论
L CR_t	(CT1)	-2.168	-3.600	非平稳
L CR_t (1)	(C00)	-3.049	-3.000	平稳
L LR_t	(CT1)	-2.085	-3.600	非平稳
L LR_t (1)	(C00)	-5.501	-3.000	平稳
L $Gini_t$	(CT1)	-3.124	-3.600	非平稳
L $Gini_t$ (1)	(C00)	-5.938	-3.000	平稳
L SSR_t	(CT1)	-2.626	-3.600	非平稳
L SSR_t (1)	(C03)	-3.071	-3.000	平稳
L Tax_t	(CT1)	-3.518	-3.600	非平稳
L Tax_t (1)	(C00)	-3.016	-3.000	平稳

注:变量名称前加 L 表示该变量的对数,如 $LCR_t = \ln(CR_t)$;括号中的 d 表示在原变量上进行差分的阶数;(CTK) 中的 C 表示单位根方程中包括常数项,T 表示单位根方程中包括时间趋势项,K 表示单位根方程中包括滞后项。

第四章 收入分配对消费需求的影响研究

原变量 CR、LR、Gini、Tax、SSR 五个变量在 5% 的显著性水平下均不能拒绝存在单位根的原假设，也就是说，时间序列中的 CR、LR、Gini、Tax、SSR 五个变量都不是平稳的[①]。但是在进行一阶差分处理之后都能通过 5% 显著性水平下的平稳性检验，即证明不存在单位根，说明所有的变量的一阶差分都是平稳的，也就是 L（1）平稳。这说明，这些变量之间可能存在协整关系，劳动收入占比的对数对其余取对数后的变量（取对数）回归，得

$$LCR_t = -1.811 + 0.467LLR_t + 0.035LSSR_t - 0.497LTax_t - 0.276LGini_t$$

$$(4-4)$$

具体结果如表 4-10 所示。

表 4-10 居民消费率与劳动收入占比的 OLS 回归结果

变量	系数	标准误	t	$P>|t|$	95% 置信区间	
LLR	0.4671872	0.2231792	2.09	0.05	0.0000677	0.9343068
LSSR	0.0350198	0.0188212	1.86	0.078	-0.0043734	0.0744130
LTax	-0.4966150	0.0948775	-5.23	0	-0.6951959	-0.2980341
LGini	-0.2764725	0.1252303	-2.21	0.04	-0.5385826	-0.01436230
常数项	-1.8106750	0.3515362	-5.15	0	-2.5464490	-1.0749020

对其残差做平稳性检验，结果表明残差序列是平稳的。这说明以上结果是可信的。从回归结果来看，在通过 5% 显著性水平检验的情况下，劳动收入占比正向影响居民消费率，每提高一个百分点会促进居民消费率增长 0.467 个百分点。社会保障水平正向影响居民消费率，税收水平和基尼系数反向影响居民消费率，结果均符合预期。

（三）格兰杰因果检验

协整检验考察变量之间是否存在长期稳定的均衡关系，格兰杰因果

---

① 严格地说，它们非平稳的可能性较大。

检验则考察变量之间是否存在因果关系。格兰杰因果检验需要满足平稳序列的条件，而上面的平稳性检验与协整检验结果表明格兰杰因果检验的条件是成立的。格兰杰因果检验在探究一个变量是不是另一个变量产生的原因时基于以下逻辑：如果一个变量 X 是一个变量 Y 的原因，但 Y 不是 X 的原因，那么 X 的过去值就可以帮助预测 Y 的未来值，但是 Y 的过去值不能帮助我们预测 X 的未来值。此时我们称 X 是 Y 的格兰杰原因（Granger Cause）。格兰杰因果关系检验的结论是统计意义上的"格兰杰因果性"，不能作为肯定或否定因果关系的根据，但它具有重要的参考价值。

在这里我们要研究的是 LR、$Gini$、Tax、SSR 对 CR 的影响，考虑到滞后效应，我们将尝试用多种滞后期数来进行格兰杰因果检验，Stata 可以方便地把滞后 5 阶之前的所有结果列出来。CR Stata 检验的结果会提供 F 统计量和卡方统计量，但是因为卡方检验是一个大样本的检验，而本实证检验所能获得的样本容量不大，所以只能根据 F 检验进行分析。结果如表 4-11 所示。

表 4-11 格兰杰因果检验结果

关系	原假设	滞后阶数	F 统计量	P 值
CR 与 LR	LR 不是 CR 的格兰杰原因	1	5.78	0.0261
		2	4.40	0.0289
		3	4.20	0.0258
		4	5.24	0.0130
		5	8.01	0.0056
	CR 不是 LR 的格兰杰原因	1	0.75	0.3958
		2	0.46	0.6364
		3	1.39	0.2860
		4	1.19	0.3677
		5	3.28	0.0660

续表

关系	原假设	滞后阶数	F 统计量	P 值
CR 与 Tax	Tax 不是 CR 的格兰杰原因	1	4.24	0.0527
		2	2.68	0.0975
		3	1.36	0.2941
		4	1.24	0.3481
		5	2.80	0.0946
	CR 不是 Tax 的格兰杰原因	1	0.27	0.6058
		2	0.56	0.5830
		3	4.63	0.0189
		4	2.87	0.0745
		5	1.87	0.2063
CR 与 SSR	SSR 不是 CR 的格兰杰原因	1	5.86	0.0251
		2	7.43	0.0048
		3	2.60	0.0934
		4	2.47	0.1060
		5	2.20	0.1535
	CR 不是 SSR 的格兰杰原因	1	0.94	0.3427
		2	0.36	0.7015
		3	0.56	0.6513
		4	4.49	0.0215
		5	2.94	0.0848
CR 与 Gini	Gini 不是 CR 的格兰杰原因	1	4.64	0.0436
		2	10.10	0.0013
		3	4.32	0.0236
		4	3.56	0.0427
		5	2.60	0.1104
	CR 不是 Gini 的格兰杰原因	1	7.78	0.0113
		2	1.73	0.2067
		3	1.06	0.3968
		4	0.93	0.4936
		5	0.76	0.5058

由此可见，LR、$Gini$、Tax、SSR 都是 CR 的格兰杰原因。据此，我们有理由认为劳动收入占比、基尼系数、税收水平及社会保障水平是影响居民消费率的重要因素。

（四）稳健性检验

为了验证以上分析结果的稳健性，我们用总消费率 TCR 代替居民消费率 CR，同样也可以得到类似的结果。TCR 的数据来源于 2017 年的《中国统计年鉴》。具体来讲，首先验证包括总消费率在内的各变量的平稳性，由 Stata 的输出结果可以得出，原变量 TCR、LR、$Gini$、Tax、SSR 在 5% 的显著性水平下均不能拒绝存在单位根的原假设，为了消除异方差问题，我们对各变量进行取对数处理［同样，变量名称前加 L 表示该变量的对数，如 $LTCR_t = \ln(TCR_t)$］，在进行一阶差分处理之后都能通过 5% 显著性水平下的平稳检验，即一阶单整，符合协整检验的标准，OLS 回归结果如下：

$$LTCR_t = -1.56 + 0.333LLR_t - 0.243LGini_t - 0.488LTax_t + 0.057LSSR_t$$

$$(4-5)$$

表 4-12 总消费率与劳动收入占比的 OLS 回归结果

变量	系数	标准误	t	$P>|t|$	95% 置信区间	
LLR	0.3331302	0.2137792	1.56	0.136	-0.1143148	0.7805753
LSSR	0.0573728	0.0180285	3.18	0.005	0.0196388	0.0951067
LTax	-0.4882200	0.0908814	-5.37	0	-0.6784376	-0.2980030
LGini	-0.2427410	0.1199558	-2.02	0.057	-0.4938119	0.0083289
常数项	-1.5601580	0.3367300	-4.63	0	-2.2649420	-0.8553740

同样对残差做平稳性检验，结果显示在 1% 的显著性水平下拒绝有单位根的原假设，说明对数化后的总消费率对对数化后各变量的回归结果可信。通过回归结果来看，模型在 10% 的置信水平下通过检验（单边检验），结果显示劳动收入占比与总消费率呈正向关系，劳动收入占比提高 1 个百分点，总消费率则提高 0.333 个百分点。与居民消费率对各变量的回归结果相比，系数接近，从而验证了劳动收入占比与居民消

费率实证结果的准确性和稳健性。

二 基于面板数据的分析

（一）面板模型的构建

本节在时间序列分析的基础上，利用省际面板数据做进一步的检验。模型仍然选择居民消费率 CR 为被解释变量，劳动收入占比 LR 为解释变量，引入其他影响因素为控制变量，构建出劳动收入占比与居民消费率的面板回归模型：

$$CR_{it} = \beta_0 + \beta_1 LR_{it} + \gamma_{it} CV_{it} + \varphi_i + \varepsilon_{it} \qquad (4-6)$$

其中，i 表示省份，t 表示年份，β_0 表示常数项，φ_i 表示各个省份的个体差异性，ε_{it} 为随机扰动项；被解释变量 CR_{it} 表示 i 省份第 t 年的居民消费率，解释变量 LR_{it} 表示 i 省份第 t 年的劳动收入占比。CV_{it} 表示模型中除劳动收入占比以外的控制变量集，由于影响消费的因素众多，为了防止重要变量的遗漏，本节在简化模型的基础上纳入其他影响居民消费率的重要变量作为控制变量。

（二）变量的选取与描述

本节面板数据选取了 31 个省份（未含港澳台地区）的年度省级数据，样本期是 2007~2016 年。被解释变量 CR 由各省份的居民消费总额占支出法下各省份地区生产总值的比重来衡量，解释变量 LR 由各省份的劳动报酬占支出法下地区生产总值的比重衡量，其中各省份的居民消费总额、劳动报酬及支出法下地区生产总值的数据均源于国家统计局。

为了控制由遗漏变量造成的估计偏差，本节在模型中加入了一组控制变量 CV，具体包括城乡收入比、税收水平、经济发展水平及社会保障水平。由于各省份基尼系数的缺乏，本节利用城乡收入比表示收入分配的不平等程度，城乡收入比是城镇人均可支配收入与农村人均纯收入的比值，基础数据来源于《中国统计年鉴》；税收水平用各省份的税收占支出法下的地区生产总值的比重来衡量，数据皆来自《中国统计年鉴》；经济发展水平用各省份的实际人均 GDP 的对数进行衡量，代表该地区的经济发展程度；社会保障水平采用通用做法，利用各省份的社会保障支出占地区生产总值的比重来衡量，基础数据均源于《中国统计年鉴》。

表 4-13 显示了 2007~2016 年 CR、LR、CCR、Tax、SSR 与 $ECON$ 的描述性统计结果，考虑到各个指标都是相对变量指标，因此不需要剔除价格的影响因素。

表 4-13 各变量的描述性统计

变量	定义	观测值	标准差	均值	最小值	最大值
CR	居民消费率	310	5.69764	34.76252	22.879720	54.11721
LR	劳动收入占比	310	6.008476	47.42302	31.619380	64.55046
CCR	城乡收入比	310	0.542615	2.88310	1.845150	4.49808
Tax	税收水平	310	2.991978	7.897778	3.417977	19.96511
SSR	社会保障水平	310	1.996483	3.094344	0.575779	18.10563
$ECON$	经济发展水平	310	0.962035	9.749501	6.810716	11.30041

（三）计量模型的检验

根据前面的影响机制可知，劳动收入占比提高对提高居民消费率有促进作用，本节选取了 10 年的短面板省级数据，在上述时间序列分析的基础上，通过面板数据来分析个体效应。

利用 Stata 计量软件进行 Wald 检验得到的结果（$F=63.91$，$Prob > F=0.0000$）高度拒绝了个体效应为零的原假设，说明在模型中应保留个体效应的截距项，拒绝混合回归，故采用固定效应与随机效应对模型进行估计。具体的回归结果如表 4-14 所示：模型（1）是随机效应，模型（2）是固定效应，模型（3）是异方差稳健性估计。通过 Hausman 检验发现 $P=0.0000$，拒绝了个体效应截距项与解释变量不相关的原假设，故采用固定效应模型比随机效应模型更加有效。

表 4-14 模型回归分析

变量	(1)	(2)	(3)	(4)	(5)	(6)
劳动收入占比	0.205*** (0.0489)	0.200*** (0.0459)	0.205*** (0.0691)	0.422*** (0.102)	0.427*** (0.110)	0.422*** (0.154)
城乡收入比	-1.575** (0.718)	-3.252*** (0.732)	-0.575 (1.242)	-1.430** (0.705)	-3.595*** (0.738)	-1.430 (1.118)
税收水平	-0.0920 (0.163)	-0.453** (0.208)	-0.0920 (0.233)	-0.0463 (0.164)	-0.220 (0.227)	-0.0463 (0.220)
社会保障水平	0.399** (0.189)	0.392** (0.178)	0.399 (0.395)	0.523*** (0.188)	0.462** (0.182)	0.523 (0.424)
经济发展水平	-0.419 (0.961)	-2.010 (2.850)	-0.419 (1.448)	-1.025 (0.996)	-1.464*** (0.3706)	-1.025 (1.334)
常数项	30.30*** (10.80)	22.59** (12.81)	30.30** (15.05)	7.329 (12.73)	16.43* (13.75)	7.329 (16.27)
观测值	310	310	310	279	279	279
调整后的 R^2		0.532				
Prob（F 检验）	0.0000	0.0000	0.0000			

注：*** 表示在 1% 的置信水平上显著，** 表示在 5% 的置信水平上显著，* 表示在 10% 的置信水平上显著。

模型中虽然控制了一些变量以克服遗漏变量问题，但被解释变量与解释变量之间可能还存在互为因果的关系，因此选择劳动收入占比的滞后一期作为工具变量进行估计，表 4-14 中的模型（4）、（5）、（6）是在模型（1）、（2）、（3）的基础上得到的估计结果。可以发现，考虑了内生性问题后，劳动收入占比与居民消费率之间高度正相关，并且结果很稳健，表明劳动收入占比越大，居民消费率越高，这一结果正好验证了本章的中心结论。

分析其他控制变量后得出，城乡收入比和税收水平对居民消费率的影响是负的，说明缩小收入差距、在一定程度上减少税赋压力，都有助于促进居民消费需求的增长。社会保障水平对居民消费率的影响是正向的，说明提高社会保障水平有助于促进居民消费需求的增长。经济发展水平对居民消费率的负向影响关系，体现了经济发展水平越高，消费支出占居民收入的比重反而下降的趋势，尽管在这个过程中消费总量可能会增加。

除此之外，考虑到我国经济发展的区域性，进一步区分东、中、西部地区来分析。根据国家统计局的划分标准，本节选取的31个省份中，属于东部地区的有上海、北京、天津、山东、广东、江苏、河北、浙江、海南、福建、辽宁，属于中部地区的有吉林、安徽、山西、江西、河南、湖北、湖南、黑龙江，属于西部地区的有云南、广西、四川、宁夏、甘肃、西藏、贵州、重庆、陕西、青海、新疆、内蒙古。借助以上的模型分析，结果显示：东、中、西部地区的 Hausman 检验结果分别为 $P=0.0175$、$P=0.0001$、$P=0.0001$，均小于0.05，采用固定效应模型更为有效。表4-15中（1）、（2）、（3）、（4）、（5）分别代表全国的随机效应模型，以及全国和东、中、西部地区的固定效应模型。

表4-15 全国及东、中、西部地区的回归分析

变量	(1)	(2)	(3)	(4)	(5)
劳动收入占比	0.205*** (0.0489)	0.200*** (0.0459)	0.0761* (0.0457)	0.146* (0.0878)	0.152** (0.0720)
城乡收入比	-1.575** (0.718)	-3.252*** (0.732)	-0.600 (1.342)	-0.00813 (1.580)	-1.252 (0.970)
税收水平	-0.0920 (0.163)	-0.453** (0.208)	-0.0135 (0.355)	-0.597 (0.373)	-0.574** (0.273)
社会保障水平	0.399** (0.189)	0.392** (0.178)	4.148*** (0.766)	4.573*** (0.866)	0.104 (0.185)
经济发展水平	-0.419 (0.961)	-2.010 (2.850)	-3.267 (5.080)	-3.756 (3.019)	-0.258 (2.014)
常数项	30.30*** (10.80)	22.59** (12.81)	57.59 (51.49)	55.55* (31.46)	39.35** (19.93)
观测值	310	310	120	90	100
Prob（F 检验）	0.0000	0.0000	0.0000	0.0000	0.0000

注：*** 表示在1%的置信水平上显著，** 表示在5%的置信水平上显著，* 表示在10%的置信水平上显著。

通过表4-15分析可知，从全国范围来看，劳动收入占比对居民消费率有显著的正向影响，从东、中、西部三大地区来看，在中、西部地

区，劳动收入占比的提高对居民消费率的影响更大，说明在经济欠发达的地区，增加劳动收入占比能更有效地带动当地居民消费需求的增加。城乡收入比对居民消费率的影响是负向的，且西部地区的负向影响更突出，体现了收入差距对消费水平的抑制作用。从税收水平上来看，税收水平与居民消费率呈反向关系，说明税负的增加会在一定程度上降低居民的消费水平。从社会保障水平上来看，社会保障水平与居民消费率是正向相关的，居民社会保障的增加，会带动居民消费水平的提高。总而言之，以上的实证结果均符合预期，验证了收入分配与居民消费率的正向相关关系，说明劳动收入的合理布局尚存在优化的空间，且对居民消费水平的提高具有积极的促进作用，为我国收入分配的改革提供了新的方向和指引。

三 来自美国的研究证据

美国是当今世界的第一大经济体，其居民消费率在20世纪40年代经历了较大的波动之后保持稳步上升，2016年达到近70%的高水平。研究美国收入分配对消费需求的影响有利于为中国提供经验观察，对于正在崛起的中国的经济发展具有极其重要的借鉴意义。

研究美国收入分配对消费需求的影响时，同样采用居民消费率（CR）、劳动收入占比（LR）、税收水平（Tax）及社会保障水平（SSR）作为解释变量。这些变量的计算方式与前文中相应变量的计算方式相同。相关数据来自美国经济分析局、美国商务部普查局及世界银行。根据各变量及拟解决的相关问题，建立如下计量模型：

$$CR_t = \beta_0 + \beta_1 LR_t + \beta_2 Tax_t + \beta_3 SSR_t + \mu_t \tag{4-7}$$

其中，t 表示时间，μ_t 表示随机误差项。

在时间序列实证分析中，首先对各个变量进行平稳性检验，结果表明，原变量 CR、LR、Tax、SSR 在5%的显著性水平下都能拒绝存在单位根的原假设，证实了原变量均是平稳的。在此基础上，我们直接建立相关的长期均衡方程，得到的结果如下（见表4-16）。

$$CR_t = 0.278 + 0.65LR_t - 0.02Tax_t + 0.015SSR_t \qquad (4-8)$$

表 4-16　回归方程的估计结果

变量	系数	标准误	t 统计量	Prob.
LR	0.649561	0.113887	5.307579	0.000
Tax	-0.020183	0.001741	-11.59093	0.000
SSR	0.014623	0.001514	9.657683	0.000
常数项	0.277741	0.081960	3.388755	0.001
R^2	0.7468		调整后的 R^2	0.7378
回归标准差	0.030455		因变量均值	0.643248
残差平方和	0.077909		因变量标准差	0.059772
对数似然值	184.4337		赤池信息准则	-4.100765
$F=82.59$	Prob > F = 0.0000		施瓦兹准则	-3.988159

资料来源：美国经济分析局、美国商务部普查局及世界银行。

经过 OLS 回归后，发现结果的拟合优度较高，LR、Tax 与 SSR 在统计上十分显著，从符号上来看，劳动收入占比（LR）与社会保障水平（SSR）的符号为正，税收水平（Tax）的符号为负。在影响美国居民消费率的因素中，在其他条件不变的情况下，劳动收入占比每增加 1 个单位，其引起的居民消费率增加 0.65 个单位。美国劳动收入占比与居民消费率之间的正向关系与根据中国数据研究得到的结果不谋而合，恰好佐证了劳动收入分配合理布局对消费率有正向影响的论点，即认为收入在劳动与资本之间的合理分配对居民消费需求会产生积极作用。

第四节　结论与启示

随着经济的不断发展，中国的劳动收入占比与居民消费率表现出密切的关系。通过对收入分配影响消费需求的机制分析及实证研究，我们发现劳动收入占比、城乡收入差距及社会保障水平等因素的变化会对居民的消费率产生影响。基于此，我们认为，要进一步完善收入分配制度，坚持按劳分配在初次分配中的主体地位，提高劳动报酬在收入分配中的比重。这并不是否定资本等其他要素在生产中的重要性，而是要抑制资本等要素的过高收入。按劳分配是我国当前收入分配的基本原则，是激励劳动者积极性的基本制度安排。为此，我们需要积极建立完善的工资增长机制与社会保障机制等，确保劳动者平等的收入权和保障权，增加广大劳动者在收入分配和决策中的参与权。

第五章 收入分配对有效供给的影响研究

第一节 研究背景

与有效供给相对应的概念是有效需求,后者是凯恩斯在其著作《就业、利息和货币通论》中提出的概念。对于有效需求的含义,我们可以从微观和宏观两个层面来进行考察。对于微观个体而言,有效需求表示有相应购买能力或者支付能力去实现的消费,凯恩斯对这个概念的诠释侧重于对宏观经济的分析,他认为对于宏观经济体而言,有效需求通常是指社会总需求与社会总供给达到平衡时的社会总需求,社会总需求曲线和总供给曲线的交点决定了社会均衡的需求,处于交点处的需求水平叫作有效需求。凯恩斯的观点是,政府可以通过对市场的干预来提高有效需求。

凯恩斯的社会总需求本质上是一个均衡概念,是总供给函数和总需求函数相等时的需求量。首先,每一个经营者能够根据他的经验估算出每一个就业量下能获得的总产品,如果这些总产品在市场上获得的实际价值没有达到其心目中的预期,他就会对就业量进行调整,此时,经营者心中的预期就称为该就业量下的总供给价格。由此可以定义总供给函数:对于任意的就业量 n,经营者心中有一个相应的收益预期 z 与之对应,此时社会上所有经营者的总雇用就业记为 N,而与其相对应的所有经营者心中的预期收益之和记为 Z，可把两者关系写作 $Z = \varphi(N)$，这就是总供给函数。同时，用 d 表示经营者预期由雇用 n 人时生产的总产品能够在市场上实际得到的收入，用 D 表示社会上所有经营者雇用的人数为 N 时获得的实际收入之和，函数关系 $D = f(N)$ 即总需求函数。本质上，Z 是企业家们希望在既定的总社会就业水平下得到的最低收入，D 则是企业家们获得的实际总收入。

当 D 大于 Z 时，企业获得的实际总收入大于预期，将进一步增加雇用劳动力，这将使得劳动力的价格上涨，从而 Z 和 D 上涨，由于供给增加，D 上涨的速度慢于 Z 上涨的速度，一直到 Z 与 D 相等时为止。反之，D 小于 Z，企业将会减少劳动力的雇用，这将导致就业量和总产出下降，从而 Z 和 D 下降，由于供给减少，D 下降的速度慢于 Z 下降的速度，一直到 Z 与 D 相等时为止。使 Z 与 D 相等的 N 就是均衡就业量，对应的社会总需求就是有效需求。也就是说，企业追求利润的动机使其在调整雇用劳动量和生产规模的过程中实现供求均衡，也就是生产与消费达到均衡。这个均衡状态下的需求量就是有效需求。

有效供给与有效需求的概念是相对应的，它是由各个微观主体生产和提供的能最大限度地适应各类需求的供给总量及其结构两个方面（胡义刚、王阳艳，2002）。显然，我们不能直接观测到供给函数 $Z = \varphi(N)$，因为能观察到的是供求均衡时的供给量，也就是某个特定就业水平和生产规模下的有效供给。本章将用有效供给能力测度有效供给，阐述有效供给能力的内涵，并尝试用合理的指标进行测度。

关于有效供给的研究文献比较多，不少文献论证了其重要性。实际上，有效供给的内容和形式是不断变化的，从改革开放之初到 20 世纪末，我国有效供给的扩大已经从简单的扩大产品数量发展为提供更高质量和高技术含量的产品与服务（胡义刚、王阳艳，2002）；王燕武和王俊海（2011）的研究表明，来自供给侧的冲击对中国自改革开放以来的经济波动具有重要影响，基于此，中国的宏观调控应该更加重视供给侧管理；谢超峰和范从来（2017）发现样本期内中国总供给冲击平均值为负，总需求冲击平均值为正，这说明中国经济现有的结构性矛盾中，总供给是矛盾的主要方面，因此推动供给侧结构性改革对优化经济结构具有十分重要的意义。

长期以来，学术界和政府部门比较热衷于需求管理。但随着需求管理的边际效应逐步下降，我们也逐步认识到孤立的需求管理是片面的，对经济增长的作用也是有限的，也不符合"生产决定消费"这一前提下"生产与消费构成矛盾运动的统一体"的基本原理。因此，供给与需求协调发展的重要性已成为基本共识。例如，刘诗白（2000）认为，我国经济发展同时面临有效需求不足与供给侧结构失衡的双重困扰，单纯地从需求侧寻求对策是难以奏效的，应该同时从供给侧与需求侧两端发力。陈端计（2003）也提出了类似的见解，他认为我国有效需求不足与供给过剩这一看似矛盾的现象背后的本质是有效供给不足，政府的需求管理应该与供给侧管理相结合；孙杰和吕梦月（2017）通过历史分析，指出对于我国出现的产能过剩问题，仅仅依靠刺激需求的政策手段已经被证明是行不通的，要从根本上解决供给过剩和供需错配等问题，必须理解"有效供给自动创造需求"的内涵。长期来看，提升有效供给能力只能依靠技术进步实现，从国内外发展经验看，提高自主科技创新与技术进步能力的关键是建立包括政府、大学、科研院所、企业等在内的多元化创新生态系统（刘刚，2018）。创新的生态系统就是技术进步的土壤，激励创新的市场机制是不可或缺的，收入分配作为激励的源头，对技术进步与有效供给的作用是不可替代的。

第二节　收入分配影响有效供给的机制分析

本章从两个方面说明收入分配对有效供给的影响。其一，收入分配对劳动者的激励作用促进了生产效率的提高和技术进步，从而提升有效供给能力；其二，收入分配的结果决定了购买力的分布从而决定需求总量和结构，进而对有效供给起到引导作用。前者是直接影响（激励效应），后者是间接影响（需求效应），两种影响是相辅相成的，是不能割裂的。没有激励效应，需求效应就无法传递到供给侧，供给侧就不能对需求做出回应；没有市场需求，激励便成为空谈。

一　收入分配对有效供给的直接影响

学界对有效供给与技术进步水平的密切关联性已有基本的共识，但技术进步不是无中生有，是人类有意识的创造性活动的结果。即技术创新不是经济发展的外生变量，而是一种内生变量，是经济系统内在决定的。那么，它的决定性因素是什么呢？新制度经济学认为技术进步一定程度上取决于制度变迁，制度创新对技术进步具有重要作用。阿尔钦、科斯、诺斯（2003）认为，制度安排将会对技术和知识的增长速度产生影响进而影响技术进步与经济增长的潜能。在他看来，能提高私人收益并且能持续激励人们创新的产权制度才能激发人们不断改进技术的热情。产权与技术进步的关联性往往基于激励的视角，从经济学意义来说，如果一种产权结构能够把外部性内生化，也就是使人们的行为与其收益正相关，那么这种产权制度就是有效率的。

收入分配制度可以看作对各种收益权的安排与界定，在某种意义上它是各种产权制度的总和。它的激励作用直接关乎技术进步的水平与有效供给。劳动者是技术进步与科技创新的主体，所以，决定有效供给能力的主体是劳动者。在考察收入分配制度的激励作用时，必须注意到人力资本产权形式独有的特点。罗森（Rosen，1985）指出，人力资本最重要的特点是"其所有权限仅限于它的人"，即人力资本与其所有者是不能分离的。正因为如此，想要充分运用人力资本只能依靠激励，而无法靠挤榨。因此，在无限循环的生产活动中，收入分配必须为劳动者提供足够的激励，这样才能使不断增加的消费需求通过技术进步和生产率的提高得以满足。

行为科学家和心理学家维克托·弗鲁姆①提出的期望理论认为，人们做事情的激励力来源于经过其努力后取得成果的效价②和达成目标的期望值。当两者的乘积很高时，个体会受到巨大的激励。因此，激励性的收入分配制度能通过提升效价来激励劳动者的工作积极性，这是技术进步和科技创新的源头，也是提高有效供给能力的关键。

我国初次分配中"资强劳弱"的局面一直没有改变，劳动报酬长期处于较低水平。劳动者的收入增长落后于经济增长速度，这意味着广大劳动者的相对生活水平下降。一方面，不利于提高劳动者的积极性，对技术进步和有效供给形成抑制作用；另一方面，从人力资本的角度来看，不利于大多数劳动者进行人力资本投资，会阻碍人力资本积累，削弱技术进步的根基，不利于提升有效供给能力。

二 收入分配对有效供给的间接影响

收入分配决定购买力分布从而决定需求总量和需求结构，需求端对供给侧产生引导作用，这就是收入分配对有效供给的间接影响。如果说，收入分配对生产的激励是直接影响，那么，激励就必须有标的，标的就是消费需求，消费者的"货币投票"就是对生产的奖励。没有有效需求，收入分配的激励作用便无从谈起。

企业在经营过程中进行技术创新的直接动机是获得超额利润，而这种动机的生成和实现都直接来源于消费需求的不断更新。市场需求是检验技术创新成败的"试金石"，即产品在市场上获得的商业价值是判断该产品背后的技术是否成功的标准。正是因为有需求的支撑，收入分配的激励机制才能发挥作用。所以，满足消费者不断增加的需求是供给

---

① 著名行为科学家和心理学家，期望理论的奠基人，国际管理学界最具影响力的科学家之一。
② 此处的效价是指一定的行为目标在个体心里的价值，也就是行为结果对于个体的重要程度。

第五章 收入分配对有效供给的影响研究

侧推动技术进步的基本动因。收入分配的结果决定总需求的规模与结构，从而形成对供给侧的激励强度。

正如第二章所指出的，生产与消费相互制约、相互支撑、相互推动的循环往复运动构成了经济增长的动力，生产决定消费，是矛盾的主要方面，消费对生产有反作用。消费的反作用体现在消费需求对生产的引导作用，消费需求的总量和结构引领技术进步的方向。有购买力作为支撑的消费需求才能起到对技术进步的引领作用，这就是有效需求，只有瞄准有效需求的技术进步，方能获得回报，收入分配对有效供给的直接影响不能离开需求效应（间接影响）而存在。如果说，收入分配的激励效应为技术创新注入动能，那么需求的引导则决定了技术创新的路径和方向，收入分配的激励效应和需求效应形成的闭链构成了技术进步的动力，也构成了有效供给的支撑。

简言之，收入分配通过需求效应形成间接影响。其要点是合理的收入分配格局形成适当的需求总量和需求结构，与收入分配的激励效应相呼应。过大的城乡收入差距、行业收入差距及过低的劳动收入占比都不利于收入分配的需求效应发挥间接影响。由以上的分析我们得出了如图5-1所示的机制。

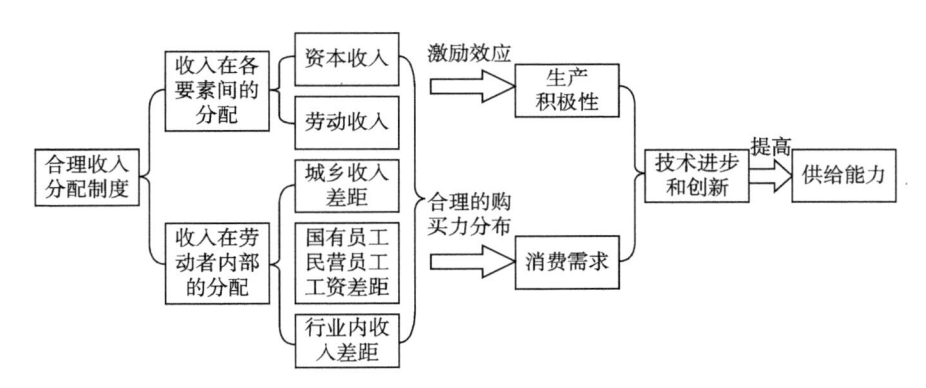

图 5-1 收入分配影响有效供给能力的机制

第三节 收入分配影响有效供给能力的实证分析

一 收入分配的刻画

功能性收入分配关注的问题是生产要素的贡献与要素所有者的收入之间的匹配情况,规模性收入分配关注的问题是社会总产出在社会成员之间的分配。这是描述收入分配的两个维度。基于数据的可得性,我们用劳动收入占比刻画社会总产出在资本与劳动之间的分配情况,用城乡收入差距、国有企业员工与城镇居民的平均工资差额来说明社会总产出在社会成员之间的分配情况,它在某种意义上刻画了劳动者之间竞争的公平性。

二 有效供给的内涵及其刻画

有效供给与有效需求相对应,后者是有购买力的需求,前者是与购买意愿相匹配的供给。有效供给能不能独立于市场需求,主要取决于有效供给能力。通俗地说,有效供给能力就是供给侧响应消费需求的能力。随着社会经济的发展,消费的内容和形式都会发生变化,总量提升和结构优化永远不会停止,因为人类需求的增加是没有终点的。由于资源的约束,不断满足人类日益增长的需求只有依靠技术进步才能实现。所以,技术进步与创新能力能比较好地说明有效供给能力。也就是说,技术进步与创新能力越高,社会就越有能力提供更多更好的产品与服务,这对于满足消费者需求是非常重要且关键的因素。

马克思在他提出的全面生产理论[①]中指出,社会生产是各种不同生产活动的有机统一整体。从生产活动的本质来看,无论是哪一种生产,

---

[①] 马克思在哲学上定义的生产概念,把人类的全部活动乃至整个社会的延伸都理解为生产的过程和结果,认为其主要由四种生产组成,即物质生产、人的生产、精神生产、社会关系生产。

都是先行继起与无限循环的统一。社会再生产的四个环节，即生产、分配、交换和消费的循环往复运动构成了社会与经济发展的内容与形式，作为起点的生产与作为终点的消费构成闭链。但我们不能忘记的是，生产永远是人类社会生活的主要矛盾，"生产决定消费"。不论是在为温饱问题而战的原始社会，还是在经济高度发展的今天，消费的内容与形式都是由生产力发展水平决定的。也就是说，生产水平决定了社会经济的发展水平。与生产水平相对应的是有效供给和有效供给能力，而决定生产力发展水平的技术进步与创新能力自然是对有效供给能力的一种比较合适的测度。

三 收入分配影响有效供给能力的中国证据

（一）我国真实有效供给能力的测度

有效供给是难以观察的，我们观察到的实际上是供求达到均衡时的量，并且该概念有一定的模糊性。我们用与之密切相关的"有效供给能力"来代替它。有效供给能力是供给侧响应消费需求的能力，也就是满足实际消费需求或有效需求的生产能力[①]。刻画有效供给能力的指标有多种可能的选择，消费总量就是一个可能的选择。总消费是一个地区或国家的生产总值中被居民消费的部分，用它测度有效供给能力有一定的合理性。但如果深究的话，总消费其实是已经实现了的有效供给能力，并不是潜在的或真实的有效供给能力。这是由于我国居民传统的消费观念是比较保守的，不完善的社会保障制度又进一步强化了预防性储蓄，导致我国居民储蓄率过高而消费率偏低，这使得我国供给侧潜在的有效供给能力并没有完全展现出来[②]。因此，消费总量只能反映实现了的有效供给能力，而不是潜在的或真实的有效供给能力。随着社会经济的发展，人类需求也是不断发展的，由于任何特定的消费内容与消费形式都将出现饱和，在自然资源的约束条件下生产出更多更好的产品以满足消

---

① 通俗地说，就是满足消费者要求且有购买力支撑的消费需求的能力。
② 因为消费者节制消费，生产者的部分能力没有通过总消费表现出来。

费者不断增加的需求只能依靠技术进步来实现。因此，技术进步是刻画有效供给能力的一个良好的指标。通常，用全要素生产率作为技术进步的指标，但类似于前面的分析，观察到（用实际数据计算所得）的全要素生产率也只是实现了的那部分，潜在的全要素生产率并没有全部体现出来，这是消费者抑制消费的行为所导致的。我们希望能把潜在的但由于我国居民的消费率偏低而未能表现的有效供给能力也刻画出来，因此本章采取了比较特别的技巧来测度有效供给能力。具体做法是，根据基于美国发展经济学家钱纳里（Chenery）[1]和塞尔昆（Syrquin）的多国模型研究归纳出的不同经济发展水平下的投资率及消费率标准[2]，用符合我国各地区经济发展水平的标准投资率替代我国各地区的实际投资率，同时利用我国实际GDP增长率，计算各地区真实（潜在）的全要素生产率并用来测度有效供给能力（见表5-1）。也就是说，我们计算的是在当前GDP增长率下潜在的有效供给能力。

表5-1 钱纳里"标准模式"的投资率变化（1964年美元价格）

人均GDP（美元）	<100	100	200	300	400	500	800	1000	>1000
1970年美元	<140	140	280	420	560	700	1119	1399	>1399
2015年美元	<889	889	1780	2670	3560	4451	7120	8900	8900
投资率	13.6%	15.8%	18.8%	20.3%	21.3%	22.0%	23.4%	24.0%	23.4%

资料来源：根据霍利斯·钱纳里、莫尔塞斯·塞尔昆：《发展的格局1950—1970》，李小青等译，中国财政经济出版社，1989，第22页表格和数据整理。

利用索洛余值法计算全要素生产率是实践中用得比较多的方法，我们借鉴这一方法对有效供给能力进行测度，只是在计算的过程中用优化

---

[1] 霍利斯·钱纳里（Hollis B. Chenery，1918—1994），哈佛大学教授，长期从事经济发展、产业经济学和国际经济学的研究。
[2] Chenery和Syrquin（1975）在针对产业结构进行研究的基础上，进一步对发展中国家的经济结构变动做了全面且细致的研究。研究中选取了101个国家的经济数据，基于计量方法对发展中国家的经济结构变动做了实证分析，并对经济发展的过程进行了细致的划分，最后给出了经济结构变动的标准形式。

后的资本增长率取代了实际的资本增长率（按钱纳里标准）。为了计算全要素生产率，利用

$$\dot{A} = \dot{Y} - \alpha \dot{K} - \beta \dot{L} \qquad (5-1)$$

其中，$\dot{Y}$、$\dot{K}$、$\dot{L}$ 分别表示实际的地区内产出增长率、实际资本增长率及劳动人口增长率。为了测度有效供给能力，我们需要：①每个地区的实际产出增量；②按钱纳里标准优化后的资本增量；③劳动人口增量；④资本弹性 α[①] 和劳动弹性 β[②]。每个地区的数据都来自《中国统计年鉴》，以及各省份统计年鉴和统计公报，各变量实际值的计算均利用相应的平减指数来折算，以1998年为基年。各地区实际劳均生产总值的增长率的计算方法是，利用各地区实际生产总值除以劳动人口数量，得到每年各地区的劳均生产总值，然后计算其增长率。除此以外，还需要计算产出的资本弹性和劳动弹性。计算资本弹性时，借鉴傅晓霞和吴利学（2006）的参数回归法[③]。首先，利用式（5-1）构建回归方程：

$$\dot{y}_{it} = \tau + \alpha \dot{k}_{it} \qquad (5-2)$$

其中，τ、α、$\dot{k}$ 分别表示技术进步率、资本弹性和劳均实际资本增长率，i 和 t 分别表示省份和年份。为了计算资本存量，借鉴单豪杰（2008）的方法，新增固定资产投资用固定资本形成额[④]来代替。我们采用学术界常用的永续盘存法（PIM）[⑤] 来计算固定资本形成额，具体计算公式如下：

---

① 资本的产出弹性刻画产量变化率对资本投入变化率的反应程度。
② 劳动的产出弹性刻画产量变化率对劳动投入变化率的反应程度。
③ 通过估计柯布-道格拉斯生产函数，得到各地区平均资本产出弹性。
④ 固定资本形成额是指生产者在一定时期内所获得的固定资本减去处置的固定资本的价值总额。
⑤ 永续盘存法，亦称账面盘存法，是根据各种有关凭证，对于资产的增加和减少，在账簿中逐日逐笔进行登记，并随时结算出各种资产账面存数额的一种方法。

$$K_t = K_t(1-\delta) + \frac{I_t}{P} \qquad (5-3)$$

其中，δ、I、P 分别为资本折旧率、新增固定资产投资与资产价格指数。我们选取 0.1 作为资本折旧率，这是在实践中常用的折旧率。我国从 1993 年才开始对各个地区的生产总值对各种要素的收入分配进行统计与核算，特别地，四川和重庆两个地区自 1998 年开始才有各自独立的全年统计数据，因此，我们从 1998 年开始计算初期的资本存量，对于各地区的初期资本存量，则直接使用单豪杰（2008）的研究数据。为了计算实际新增固定资产投资，以 1998 年为基年并利用固定资产投资价格指数进行折算。应该特别说明的是，《中国统计年鉴》中四川的数据包含了重庆的数据，但本章分别计算了四川与重庆的初期资本存量，其值分别为 6011.76 亿元和 2617.03 亿元。

得到每个地区每年的实际资本存量之后，便可计算出实际劳均资本增长率[1]。利用实际劳均 GDP 的增长率与实际劳均资本增长率进行回归分析，得到 1999~2015 年资本的产出弹性为 0.766，因而劳动的产出弹性为 0.234。

利用 GDP 平减指数计算各地区每年的实际人均 GDP，根据表 5-1 的钱纳里标准计算各地区每年的标准化投资率，根据式（5-3）及各地区 1998 年初期的资本存量、各地区每年的实际 GDP，可以计算得到各地区每年新增的资本存量，进而计算出与钱纳里标准对应的劳均资本存量及其增长率[2]。用优化后的 $\dot{K}$ 替代实际的 $\dot{K}$，并利用式（5-1）计算出 1999~2015 年各地区调整后的全要素生产率，我们用它测度我国各地区的有效供给能力（潜在的有效供给能力或真实的有效供给能力）。计算结果如表 5-2~表 5-4 所示。

---

[1] 资本存量除以劳动人口数量，取对数，再做一阶差分就可以得到实际劳均增长率（先对变量取对数，再对时间求导数，就得到增长率）。
[2] 由于缺少西藏的数据，相关计算中不包括西藏。

表 5-2 1999~2004 年各地区有效供给能力估算

地区	1999 年	2000 年	2001 年	2002 年	2003 年	2004 年
北京	0.119170	0.116432	0.103947	0.021617	0.062299	0.087489
天津	0.099913	0.104738	0.092555	0.094262	0.085554	0.100111
河北	0.082303	0.059322	0.054283	0.051754	0.063191	0.049104
山西	0.059528	0.085288	0.084192	0.104939	0.101091	0.077963
内蒙古	0.061911	0.078120	0.071480	0.067935	0.098711	0.091146
辽宁	0.063002	0.056349	0.053136	0.054514	0.064107	0.056470
吉林	0.084035	0.089963	0.064408	0.045354	0.069932	0.048589
黑龙江	0.078405	0.077840	0.056238	0.062094	0.054707	0.048199
上海	0.092147	0.093891	0.071716	0.054064	0.064068	0.070563
江苏	0.072588	0.071033	0.057920	0.066550	0.066076	0.067638
浙江	0.069562	0.067674	0.046762	0.057657	0.054584	0.049755
安徽	0.076518	0.071284	0.071735	0.070040	0.068409	0.067608
福建	0.060164	0.046069	0.029600	0.038361	0.045000	0.035710
江西	0.058151	0.064678	0.062220	0.066307	0.064113	0.049887
山东	0.069663	0.073559	0.061723	0.056594	0.067647	0.067166
河南	0.055058	0.054110	0.068032	0.061391	0.045594	0.066089
湖北	0.071394	0.077886	0.048574	0.039981	0.038579	0.044297
湖南	0.070109	0.073925	0.069226	0.039405	0.046705	0.057742
广东	0.049452	0.047338	0.032142	0.055602	0.056771	0.052388
广西	0.060802	0.051049	0.060002	0.074564	0.065008	0.067389
海南	0.109311	0.103464	0.090994	0.089412	0.086296	0.078795
重庆	0.085617	0.090020	0.089807	0.088015	0.073048	0.069575
四川	0.061667	0.090112	0.083742	0.089460	0.091226	0.090191
贵州	0.096122	0.078373	0.080259	0.077896	0.075363	0.077989
云南	0.071513	0.065209	0.054979	0.067434	0.067079	0.082358
陕西	0.093291	0.083690	0.089942	0.069741	0.059085	0.078989
甘肃	0.070775	0.077534	0.077489	0.056767	0.061459	0.067469
青海	0.100969	0.122650	0.137422	0.114581	0.102649	0.090460
宁夏	0.098838	0.104909	0.099971	0.093848	0.096118	0.076594
新疆	0.088798	0.084995	0.074524	0.067722	0.082398	0.067524

表 5–3 2005~2010 年各地区有效供给能力估算

地区	2005 年	2006 年	2007 年	2008 年	2009 年	2010 年
北京	0.014788	0.029636	-0.006800	-0.010680	-0.013820	-0.009060
天津	0.059102	-0.017080	0.147466	0.023233	0.049890	0.045767
河北	0.051130	0.039477	0.036436	0.007602	-0.006810	0.034914
山西	0.040350	0.006689	0.050535	-0.017750	-0.046970	0.017668
内蒙古	0.082319	0.040175	0.022945	0.017679	-0.023130	-0.020720
辽宁	0.058231	0.045227	0.076569	0.046830	0.027945	0.025271
吉林	0.043712	0.025924	0.093371	0.035574	0.015440	0.010470
黑龙江	0.056876	0.033382	0.078646	0.046659	0.045804	0.039558
上海	0.031770	0.043750	0.076025	0.020975	-0.002420	0.028357
江苏	0.049379	0.013079	0.080434	0.018990	0.013166	0.012472
浙江	0.025831	0.043810	0.002566	0.000873	-0.011480	0.011277
安徽	0.048926	0.040508	0.083045	0.043119	0.027624	0.025292
福建	0.035674	0.052074	0.055683	0.031919	0.019010	0.026437
江西	0.038699	0.015879	0.051366	0.041419	0.015664	0.015045
山东	0.051242	0.004590	0.076051	0.016944	0.019133	0.006747
河南	0.056994	0.039008	0.038775	0.006694	0.000643	0.015676
湖北	0.057508	-0.006020	0.151502	0.039389	0.025546	0.035832
湖南	0.055962	0.035597	0.072068	0.042294	0.030034	0.025132
广东	-0.000050	-0.000690	0.025421	-0.008060	-0.026260	0.004838
广西	0.036151	0.033002	0.041536	0.004193	0.022900	0.005857
海南	0.062399	0.076340	0.086393	0.049821	0.038307	0.065941
重庆	0.057275	0.073614	0.051670	0.059264	0.020714	0.038630
四川	0.060639	0.061498	0.052728	0.024897	0.054273	0.042413
贵州	0.072270	0.068171	0.046573	0.016735	0.008776	0.004341
云南	0.026611	0.046254	0.042673	0.024203	0.029018	0.024227
陕西	0.063370	0.020418	0.065463	0.044545	0.008596	0.006671
甘肃	0.056643	0.015711	0.033169	0.006905	0.006044	0.011738
青海	0.084381	0.042221	0.099521	0.065430	0.013564	0.045399
宁夏	0.046118	0.047669	0.030300	0.033876	-0.017510	0.010641
新疆	0.056009	0.038045	0.059718	0.041123	0.017719	0.017868

表 5-4　2011~2015 年各地区有效供给能力估算

地区	2011 年	2012 年	2013 年	2014 年	2015 年
北京	0.037880	-0.019190	-0.014780	-0.012650	-0.018730
天津	-0.045050	0.007189	-0.000340	-0.010750	-0.002160
河北	0.005077	-0.001280	-0.005750	-0.008270	0.003431
山西	0.000237	-0.009620	-0.005990	-0.026610	-0.033120
内蒙古	-0.020680	-0.025340	-0.037680	-0.030700	-0.001180
辽宁	0.000269	-0.013390	-0.017310	-0.031380	-0.030790
吉林	0.005579	-0.006200	-0.036210	-0.036380	-0.026010
黑龙江	0.008256	0.015505	0.005417	-0.021030	0.018938
上海	-0.027300	0.007808	0.009549	-0.033420	0.004425
江苏	0.008844	0.003362	0.004260	-0.000028	-0.002790
浙江	0.019330	-0.006140	-0.000260	0.000640	0.003995
安徽	0.002089	0.006171	-0.003270	-0.004830	-0.005910
福建	-0.012630	-0.000230	0.012455	-0.003810	-0.014140
江西	-0.018640	-0.003600	-0.006350	-0.002140	-0.003560
山东	-0.020540	0.002714	0.007092	0.002739	-0.000830
河南	0.009780	0.001969	-0.003520	-0.001140	-0.002590
湖北	-0.007860	0.010333	-0.007960	-0.003420	-0.003130
湖南	0.014847	0.005498	0.001036	0.002121	0.004778
广东	-0.008490	-0.013590	-0.005950	-0.004300	0.001562
广西	-0.002730	0.004206	-0.011710	-0.016380	-0.014150
海南	0.022541	-0.009600	-0.003350	-0.013690	-0.006630
重庆	0.086772	0.005977	-0.009020	-0.010970	-0.004180
四川	0.046012	0.014056	-0.004080	-0.010440	-0.009060
贵州	0.118191	-0.003800	-0.011750	-0.030800	-0.026750
云南	0.033405	0.017436	0.011124	-0.026290	-0.092020
陕西	-0.006910	0.003953	-0.013550	-0.015540	-0.014200
甘肃	0.006816	0.017895	0.002453	-0.015080	0.000096
青海	0.017892	0.021732	0.011390	0.001186	-0.00255
宁夏	-0.013150	-0.001830	-0.011530	-0.027770	-0.009020
新疆	0.006350	0.017120	0.002800	0.005700	0.002700

(二) 变量选取与数据来源

1. 收入分配变量的选取与数据来源

根据本章前面的分析，劳动收入占比是收入分配的一个重要特征。本章采用广泛使用的毛增加值法计算劳动收入占比。即

$$LS = LP/GNI \quad (5-4)$$

其中，LS 表示劳动收入占比，LP 表示劳动报酬，GNI 表示国民生产总值。我国劳动报酬的核算口径有两次重大调整，吕光明和于学霆（2018）利用两个准则和多种估计方法对各地区的劳动报酬数据进行了核算口径甄别与修正，并按统一的核算口径重新测算了 1993~2015 年各地区劳动报酬数据。这里使用的劳动报酬就是经过他们调整后的数据。

城乡收入差距用城镇人均可支配收入与农村人均纯收入的比值来表示，比值越大说明城乡收入差距越大。数据来源于历年《中国统计年鉴》。

为了刻画（城镇）劳动者之间收入分配的公平性，国有企业员工与非国有企业员工的人均收入差距是一个较好的指标，因为这两个群体的差别待遇是广受诟病的问题。但由于没有直接的数据可供测算，故选用国有企业员工平均工资与城镇居民平均工资的差作为替代，城镇居民包含了国有企业员工和非国有企业员工，因此两者差额能部分刻画国有企业与非国有企业员工的收入差距。这里的计算方法是，用国有企业员工的平均工资减去城镇居民的平均工资，结果大多为正数，取差的绝对值的平方根并保留原来的符号。在回归结果中，该变量简称为"工资差额"，数据来源于中国国家统计局官网。

消费需求的指标用各地区居民消费支出占地区生产总值的比重来表示，数据来源于中国国家统计局官网。

2. 其他控制变量的选取与数据来源

为了考察收入分配对有效供给能力的影响，需要筛选其他相关的控制变量。无论是从理论上还是实践上，产业结构、对外开放程度、金融

发展水平、税收占比、国有化程度和资本增速等都是重要的影响因素。

(1) 产业结构

生产决定消费，消费的内容和形式取决于供给侧能提供什么产品。因此，产业结构影响消费需求是显而易见的。在本章的模型中，我们采用两个指标描述产业结构，第一个指标——产业结构1，即第三产业产值占总产值比重，第二个指标——产业结构2，即第三产业产值与第二产业产值的比值。数据来源于历年《中国统计年鉴》。

(2) 对外开放程度

对外开放程度通过需求效应影响有效供给能力。对外开放程度影响消费需求的机制是，一国的对外贸易会增加本国居民的收入并增加居民资产的流动性，从而影响居民的消费支出。对外开放程度也可能通过影响技术进步从而影响有效供给。本章衡量对外开放程度的指标是进出口总额与GDP的比值，数据均来源于中国国家统计局官网。

(3) 金融发展水平

本章使用的指标是金融机构人民币贷款余额与GDP的比值，数据来源于历年《中国金融年鉴》及各地区的经济金融统计。

(4) 税收占比

本章用各地区总税收占GDP比重作为税收指标，数据来源于《中国统计年鉴》。

其他的控制变量还有国有化程度和资本增速，前者用国有企业产值占总产值比重来刻画，后者用物质资本存量的增速来衡量。数据来源于国家统计局历年的统计年鉴。

(三) 模型构建

根据第二章提出的供求联动机制，生产与消费相互制约、相互支撑、相互推动的循环往复运动构成经济增长的动力。有效供给与有效需求分别对应于生产与消费，收入分配作为联结供求的"枢纽"，成为经济增长动力的支撑，或者说是供求协调发展的支撑。一方面，收入分配通过激励效应对有效供给能力产生直接影响；另一方面，收入分配通过需求效应对有效供给能力产生间接影响。这两种影响是难以分割的。为了验证收入分配对有效供给能力的影响，我们首先利用中国数据进行实证分析。根据前面的理论分析，我们构建如下回归模型：

$$consumrates_{it} = \alpha_0 + \alpha_1 s_{it} + \alpha_2 g_{it} + \alpha_3 p_{it} + \beta M_{it} + u_{it} \quad (5-5)$$

$$A_{it} = \alpha_0 + \alpha_1 consumrates_{it} + \beta M_{it} + u_{it} \quad (5-6)$$

$$A_{it} = \alpha_0 + \alpha_1 consumrates_{it} + \alpha_2 s_{it} + \alpha_3 g_{it} + \alpha_4 p_{it} + \beta M_{it} + u_{it} \quad (5-7)$$

其中，A 表示有效供给能力，s 表示劳动收入占比，g 表示城乡收入差距，p 表示国有企业员工与城镇居民平均工资差额。

虽然中国经济经历了长期高速的发展，但中国典型的城乡二元结构保持得比较稳定，这对资源配置乃至各方面的发展是不可忽视的因素。另一个不可忽视的因素是公有经济与非公经济的并存，在中国基本经济制度与市场经济融合的过程中，国有企业与民营企业均可发挥自身的优势，但两者不同的目标和不同的待遇也会降低市场机制配置资源的效率。我们关注的焦点是，劳动者之间竞争的公平性会对劳动效率乃至技术进步产生较大的影响。因此，在模型中加入了描述国企和非国企员工待遇差异化的变量，但由于数据的不可得性，权且用国企员工与城镇居民平均工资差额来替代，它在一定程度上刻画了国企与非国企员工的工资差别。这也是劳动者之间不公平竞争的众多现象中的典型事实。

M 表示其他控制变量。模型（5-5）检验收入分配对消费需求的影响，模型（5-6）检验消费需求对有效供给能力的影响，模型（5-7）检验收入分配对有效供给能力的直接激励效应，还可验证收入分配对有效供给能力的间接影响。考虑到可能存在的趋同现象，把经济发展水平这一控制变量引入模型，用实际 GDP 增长率来测度。本章样本包含 1999~2015 年我国 30 个省份（未包含西藏及港澳台地区）的数据，由于各个指标都是相对量指标，故并不需要剔除价格因素的影响。表 5-5 是各变量描述性统计。

表 5-5 各变量描述性统计

变量	观测值	平均值	方差	最小值	最大值
有效供给能力	510.000	0.036	0.038	-0.092	0.152
消费需求	510.000	0.373	0.068	0.217	0.623
劳动收入占比	510.000	0.461	0.060	0.332	0.645
城乡收入差距	510.000	2.915	0.587	1.845	4.759
工资差额	510.000	-38.157	33.745	-173.104	65.054
金融发展水平	510.000	1.136	0.399	0.553	3.292
对外开放程度	510.000	0.325	0.416	0.032	1.844
产业结构1	510.000	0.401	0.078	0.286	0.797
产业结构2	510.000	0.132	0.069	0.004	0.379
税收占比	510.000	0.121	0.062	0.000	0.254
国有化程度	510.000	0.582	0.165	0.050	0.880
经济发展水平	510.000	111.189	2.645	103.000	123.800
资本增速	510.000	0.152	0.046	0.043	0.367

（四）回归结果

1. 收入分配对消费需求的回归分析

利用 1999~2015 年的省际面板数据对消费需求和收入分配进行回归分析，所得结果列入表 5-6 中。其中，方程（1）采用随机效应模型，方程（2）采用固定效应模型，方程（3）采用异方差稳健性估计方法。由于选取的变量有限，考虑到我国各省份的异质性，固定效应模型比随机效应模型或许更为可靠。考虑到可能存在的异方差问题，故同时采用稳健性估计方法与其他结果进行对比。方程（4）使用了系统 GMM 方法，具体做法：首先，利用差分与滞后多阶的变量作为水平工具变量，对水平方程进行参数估计；其次，利用水平与滞后多阶的变量作为工具变量，对差分方程进行参数估计；最后，将水平和差分方程的估计结果进行加权后得到系统 GMM 估计的结果。这样做的优点是，消除不随时间变化的个体效应，消除因变量一阶滞后的内生性问题。在固定效应模型中，刻画收入分配的三个变量的系数都是显著的，国企员工平均工资减去城镇居民平均工资的差额这一变量的系数为负,表明国有企业员工与城镇居民平均工资差额越大,将对消费需求产生越大的抑制作用,而劳动收入占比的系数显著为正(1%的显著性水平),表明劳动收入占比的提升能促进居民消费需求的增加。方程(3)对模型进行异方差稳健性处理以后,劳动收入占比的系数依然显著,且符合预期,国有企业员工与城镇居民平均工资差额的系数在单边检验下仍然显著(5%的显著性水平)。方程(4)考虑了模型的内生性问题,但只有劳动收入占比的系数依然在5%水平下显著,系数依然为正。刻画收入分配的其他两个变量的系数依然符合预期,但不再显著,可能的原因是国有企业员工与城镇居民平均工资差额只是部分地刻画了劳动者之间竞争的不公平性。由此,可以初步确认收入分配中的劳动收入占比对居民的消费需求有显著影响,劳动收入占比越大,居民消费需求越大。

表 5-6 收入分配对消费需求的回归结果

消费需求	(1)	(2)	(3)	(4)
工资差额	-0.00008 (0.00006)	-0.00010* (0.00006)	-0.00010* (0.00006)	-0.00002 (0.00004)
城乡收入差距	0.027*** (0.005)	0.029*** (0.006)	0.029*** (0.010)	0.006 (0.006)
劳动收入占比	0.198*** (0.034)	0.181*** (0.034)	0.181*** (0.063)	0.085** (0.034)
金融发展水平	0.043*** (0.007)	0.044*** (0.008)	0.044** (0.016)	0.006 (0.005)
对外开放程度	0.006 (0.010)	-0.005 (0.011)	-0.005 (0.015)	-0.005 (0.009)
国有化程度	-0.016 (0.019)	-0.031 (0.019)	-0.031 (0.046)	-0.025 (0.019)
经济发展水平	-0.002** (0.001)	-0.001* (0.001)	-0.001 (0.001)	-0.002*** (0.001)
资本增速	-0.291*** (0.043)	-0.279*** (0.042)	-0.279*** (0.088)	-0.119*** (0.031)
产业结构1	0.793*** (0.060)	0.903*** (0.065)	0.903*** (0.180)	0.097 (0.070)

续表

消费需求	（1）	（2）	（3）	（4）
税收占比	0.066*** (0.021)	0.066*** (0.021)	0.066*** (0.019)	0.050*** (0.014)
L.消费需求				0.734*** (0.033)
常数项	0.260*** (0.083)	0.230*** (0.082)	0.230 (0.138)	0.259*** (0.067)
N	510	510	510	480
调整后的 R^2	.z	0.697	0.697	.z
Wald chi2	1044.94			6478.46
F		108.09	62.26	
AR（2）				0.3518

注：*** 表示在1%的置信水平上显著，** 表示在5%的置信水平上显著，* 表示在10%的置信水平上显著。

对于其他控制变量的系数，我们均可以给出合理的解释，但本章的侧重点不在于此，故忽略其细节。

GMM动态面板模型估计的一致性要求差分残差的二阶序列不存在自相关，一阶序列存在自相关。检验结果表明，GMM估计的一致性要求得以满足。

2. 有效供给能力对消费需求的回归分析

在有效供给能力对消费需求的回归分析中，使用的依然是中国1999~2015年30个省份的面板数据，所得结果如表5-7所示，其中方程（1）、（2）、（3）分别是用随机效应模型、固定效应模型和异方差稳健性方法估计的结果，这三个结果中的消费需求的系数均在1%的显著性水平下显著为正。方程（4）是利用一阶差分GMM估计方法得到的结果，旨在处理内生性问题。该方法采用水平值的滞后项作为差分变量的工具变量。从回归结果看到，消费需求的系数在1%的水平下显著，验证了前文中消费需求促进有效供给能力的机制。

表5-7 有效供给能力对消费需求的回归结果

有效供给能力	(1)	(2)	(3)	(4)
消费需求	0.145*** (0.021)	0.286*** (0.027)	0.286*** (0.040)	0.394*** (0.068)
金融发展水平	0.012*** (0.005)	0.018*** (0.006)	0.018** (0.007)	0.030*** (0.010)
对外开放程度	0.031*** (0.004)	-0.001 (0.008)	-0.001 (0.013)	0.026** (0.012)
国有化程度	0.148*** (0.009)	0.189*** (0.012)	0.189*** (0.015)	0.175*** (0.030)
经济发展水平	0.006*** (0.001)	0.005*** (0.001)	0.005*** (0.001)	0.006*** (0.001)
资本增速	-0.276*** (0.034)	-0.133*** (0.032)	-0.133*** (0.046)	-0.133*** (0.041)
产业结构2	-0.109*** (0.026)	-0.103*** (0.031)	-0.103** (0.041)	-0.007 (0.065)
L.有效供给能力				0.060 (0.080)
常数项	-0.685*** (0.063)	-0.737*** (0.061)	-0.737*** (0.074)	-0.916*** (0.074)
N	510	510	510	450
调整后的 R^2	.z	0.744	0.744	.z
Wald chi2	791.36		896.74	
F		196.79	93.17	
AR(2)				0.1046

注：***表示在1%的置信水平上显著，**表示在5%的置信水平上显著，*表示在10%的置信水平上显著。

对其他控制变量的系数均可做出合理的解释，我们省略其细节。在动态面板模型中，有效供给能力的滞后一期系数为正但不显著，表明上一期的有效供给能力对后期的影响并不明显。

3. 有效供给能力对收入分配、消费需求的回归分析

有效供给能力对收入分配、消费需求的回归结果如表5-8所示。四个方程使用的模型与表5-6相似，旨在检验收入分配对有效供给能力的直接影响和间接影响。回归结果显示，消费需求对有效供给能力的影响显著为正，这印证了理论分析的结论，即消费需求对有效供给能力有促进作用，收入分配通过需求效应对有效供给产生间接影响。在模型中处理内生性问题之后，根据方程（4）的回归结果，国有企业员工与城镇居民平均工资差额在10%的显著性水平下显著为正，但实际的经济影响很弱（系数很小），可能的原因是变量之间存在一定程度的多重共线性，且样本数据受到一定的限制。城乡收入差距的系数在5%的显著性水平下显著（单边检验），符号为负，说明城乡收入差距的扩大对有效供给能力的提升存在抑制作用。方程（4）中劳动收入占比的系数在5%的显著性水平下显著为正（单边检验），这表明，劳动收入占比的上升能促进有效供给能力的提升。以上实证结果所印证的逻辑是，收入分配一方面以其激励机制促进技术进步和生产效率的提高，从而提升有效供给能力（直接影响），另一方面又以其需求效应对技术进步起到引导作用，对有效供给能力的提升形成拉力（间接影响），收入分配的两个效应协同促进有效供给能力的提升。

表 5-8　有效供给能力对收入分配、消费需求的回归结果

有效供给能力	（1）	（2）	（3）	（4）
消费需求	0.183 *** （0.023）	0.273 *** （0.029）	0.273 *** （0.038）	0.357 *** （0.062）
工资差额	0.000009 （0.00004）	0.00007 * （0.00004）	0.00007 （0.00006）	0.00011 * （0.00006）
城乡收入差距	-0.019 *** （0.003）	-0.008 * （0.004）	-0.008 （0.006）	-0.012 ** （0.005）
劳动收入占比	0.065 *** （0.022）	0.034 （0.026）	0.034 （0.035）	0.070 * （0.037）
金融发展水平	0.016 *** （0.004）	0.018 *** （0.006）	0.018 ** （0.007）	0.030 *** （0.011）
对外开放程度	0.023 *** （0.004）	-0.001 （0.008）	-0.001 （0.012）	0.028 ** （0.011）
国有化程度	0.155 *** （0.011）	0.180 *** （0.013）	0.180 *** （0.017）	0.174 *** （0.030）

续表

有效供给能力	(1)	(2)	(3)	(4)
经济发展水平	0.007*** (0.001)	0.006*** (0.001)	0.006*** (0.001)	0.007*** (0.001)
资本增速	-0.253*** (0.033)	-0.145*** (0.032)	-0.145*** (0.046)	-0.139*** (0.037)
产业结构2	-0.114*** (0.025)	-0.096*** (0.032)	-0.096** (0.042)	0.011 (0.069)
L. 有效供给能力				0.045 (0.078)
常数项	-0.826*** (0.062)	-0.787*** (0.064)	-0.787*** (0.086)	-1.000*** (0.077)
N	510	510	510	450
调整后的 R^2	.z	0.749	0.749	.z
Wald chi2	968.68			745.86
F		140.58	70.06	
AR (2)				0.0662

注：***表示在1%的置信水平上显著，**表示在5%的置信水平上显著，*表示在10%的置信水平上显著。

对于其他控制变量中系数的解释，这里不再赘述。

本章根据钱纳里标准对我国真实（潜在）的有效供给能力进行了测算，用劳动收入占比、城乡收入差距和国有企业员工与城镇居民平均工资差额描述收入分配的特征，实证分析的结论验证了收入分配对有效供给能力的直接影响和间接影响。

四 收入分配影响有效供给能力的国际证据

为了便于对照，我们利用国际数据做进一步的检验。我们收集整理了 OECD 主要国家以及几个发展中国家的数据，考虑到不同的国情，我们用三方专利作为有效供给能力的代理指标，刻画收入分配的指标仍然是劳动收入占比。

1. 模型构建、变量选取和数据来源

根据第二章和本章前面的分析，我们构建如下模型：

第五章 收入分配对有效供给的影响研究

$$sa_{it} = \alpha_0 + \alpha_1 ls_{it} + \beta M_{it} + u_{it} \qquad (5-8)$$

其中，ls 表示劳动收入占比，sa 表示创新能力，用来刻画有效供给能力。M 表示其他控制变量，模型（5-8）用于检验劳动收入占比对有效供给能力的影响。

这里的样本为 OECD 主要国家以及包括中国在内的几个发展中国家，国际面板中有效供给能力采用三方专利变量来替代。如果采用单一的专利局提供的专利数量，数据的选择会更加方便，因为可用数据来源更加丰富，但数据的质量会受到一定的影响。首先，由于"本国歧视"的存在，国内申请人在本国申请专利比非居民申请人更容易；其次，基于单一专利局的指标容易受到其他因素的影响，如申请专利程序、贸易流量等；最后，单个专利局内的专利价值分布通常是不均匀的，由于这种异质性的存在，单一专利局的指标可能会有较大的偏差。三方专利来自 OECD，它需要同时在欧洲专利局、日本专利局和美国专利商标局注册，消除了本地优势和地理位置的影响，比较显著地提高了专利指标的质量和国际可比性。三地同时注册也意味着更高的注册成本和更大的保护范围，一般也具有更高的经济效益。从某种意义上说，这一指标代表了一个地区以市场需求为导向的创新能力，用来刻画有效供给能力是比较合理的。

收入分配的指标统一用劳动收入占比来衡量，计算方法为各国实际劳动报酬除以实际 GDP。由于选取的国家之间存在较大的异质性，故在回归分析中引入了更多的控制变量。其中，人力资本数据来自 Penn World Table 9.0[1]，其他控制变量数据均来自世界银行，包括人口数量[2]、对外开放程度[3]、城镇化水平、铁路总长度、对外直接投资占

---

[1] Penn World Table 9.0 是一个数据库，提供有关收入、产出、投入和生产率相对水平的信息，涵盖 1950~2017 年的 182 个国家的数据资料。

[2] 15~64 岁的总人口。人口基于事实上的人口定义，该定义统计所有居民，无论其法律地位或公民身份如何。

[3] 进出口商品和服务贸易总和占 GDP 的比重。

GDP 比重、网络使用率、经济增速等。表 5-9 是对所涉及变量的描述性统计。

表 5-9 控制变量描述性统计

变量	观测值	平均值	方差	最小值	最大值
L. 有效供给能力	462	4.562	2.521	-2.303	9.836
劳动收入占比	462	0.389	0.093	0.136	0.603
L. 人口数量	462	16.620	1.671	12.394	21.049
对外开放程度	462	0.748	0.461	0.160	3.492
城镇化水平	462	67.471	23.057	3.240	97.776
网络使用率	462	28.365	31.655	0.000	96.547
对外直接投资占 GDP 比重	462	3.845	10.692	-58.323	252.308
经济增速	462	2.253	3.450	-14.568	27.525
L. 铁路总长度	462	8.024	1.821	0.000	12.339
人力资本指数	462	2.987	0.474	1.702	3.726
研发投入	462	1.669	0.955	0.130	4.405

2. 有效供给能力对劳动收入占比的回归分析

表 5-10 中方程（1）、（2）、（3）对应的结果分别是利用随机效应、固定效应及异方差稳健性方法估计所得到的结果，方程（4）是利用系统 GMM 模型对内生性问题进行处理以后的估计结果。方程（4）的结果显示，劳动收入占比在 10% 的水平下显著为正，如果做单边检验，显著性水平可以提高到 5%，有理由认为劳动收入占比对有效供给能力有正向影响，即劳动收入占比的提高能促进有效供给能力的提升。

对于其他控制变量的系数，也可以给出合理的解释。例如，人口数量在方程（4）中系数显著为正，这说明人口集聚是有利于创新的。一方面，人口的集聚为创新提供了最重要的前提条件和更多的可能性；另一方面，人口的集聚从需求方面为创新提供了激励。经济增速的系数显著且符号为正，这可以解释为经济发展与技术创新之间存在趋同效应。在方程（4）中，人力资本指数和研发投入的系数也都是显著为正的，这表明人力资本及研发投入对创新有促进作用。这一结论是有广泛共识的。对于其他变量的系数，这里不再赘述。

表 5-10 劳动收入占比对有效供给能力的回归分析

L. 有效供给能力	(1)	(2)	(3)	(4)
劳动收入占比	1.482** (0.722)	1.423* (0.745)	1.423 (0.986)	1.150* (0.667)
L. 人口数量	0.764*** (0.127)	-0.569 (0.846)	-0.569 (1.685)	0.118** (0.047)
国际贸易占比	-0.290 (0.222)	-0.159 (0.248)	-0.159 (0.411)	-0.268 (0.218)
城镇化水平	-0.002 (0.001)	-0.002 (0.001)	-0.002 (0.002)	0.000 (0.001)
网络使用率	-0.005*** (0.002)	-0.003 (0.002)	-0.003 (0.005)	-0.003*** (0.001)
对外直接投资	0.005 (0.003)	0.004 (0.003)	0.004 (0.003)	0.003 (0.004)
经济增速	0.033*** (0.008)	0.030*** (0.008)	0.030** (0.015)	0.016* (0.009)
L. 铁路长度	0.025 (0.017)	0.026 (0.016)	0.026 (0.016)	0.020 (0.014)
人力资本指数	1.947*** (0.391)	1.851*** (0.589)	1.851 (1.383)	0.408** (0.198)
研发投入	0.631*** (0.092)	0.453*** (0.097)	0.453 (0.284)	0.183* (0.102)
L. tfp				0.828*** (0.060)
常数项	-15.222*** (2.586)	7.773 (13.992)	7.773 (29.327)	-2.979** (1.306)
观测值	462	462	462	462
R^2	.z	0.261	0.261	.z
AR (2)				0.1047

注：*** 表示在 1% 的置信水平上显著，** 表示在 5% 的置信水平上显著，* 表示在 10% 的置信水平上显著。

总之，利用国际数据所做的实证分析表明，收入分配对有效供给能力的直接激励效应适用于不同的国家。这也进一步验证了本章提出的收入分配影响有效供给的理论机制。

五 研究结论

生产与消费的循环往复运动决定了国民经济的发展，与生产和消费对应的是有效供给与有效需求，有效供给与有效需求相互制约、相互支撑、相互推动的循环往复运动构成了经济增长的动力。经济增长的本质是"生产更多更好的产品并共同分享"，因此，生产是经济增长的主要矛盾（生产决定消费），与此相对应，有效供给就是经济增长动力的关键环节。在不同的经济发展水平下，有效供给的内容和形式是不断变化的。有效供给既是对需求的回应，更是对激励的反应。生产者在满足消费需求的过程中获得回报是通过交换的形式实现的，本质上是由收入分配制度决定的。所以，收入分配对生产的激励作用关乎有效供给，并且这种激励必须与收入分配的需求效应形成耦合才能发挥作用。能够兼顾激励效应和需求效应的收入分配制度才能为有效供给提供持久的激励。本章的实证研究验证了这一机制。

第六章 收入分配与技术进步

第一节 技术进步的源头：问题的提出及文献梳理

一 问题的背景

2016~2018年我国经济增速区间为6.3%~7.1%，与1978~2012年的年均增速接近10%的情形相比，经济下行趋势显而易见。与此同时，我国经济发展面临诸多严峻的挑战：城乡区域发展失衡和居民收入分配差距扩大的态势并未随着经济的增长而放缓（李实、罗楚亮，2011；陈斌开、林毅夫，2013）；2001年中国人均收入达到1054美元，超过世界银行公布的中等收入国家标准，中国正式进入中等收入国家至今已有20年的时间，当前中国正处于跨越"中等收入陷阱"的关键时期。世界各国的发展经验告诉我们，传统的拉动经济增长的"三驾马车"——消费、投资和净出口，对于处于中等收入阶段的中国来说已经力不从心，在城乡、地区以及行业间的收入分配不平等所引发的供需错配矛盾日益凸显之时，在资源约束、创新能力不强，发展质量和效益不高的情形下，依赖资源的粗放式发展与依托后发优势的赶超战略已难以持续，技术进步在促进经济持续增长中的关键性作用已凸显。随着经济发展水平的提高，任何特定的消费内容都会趋于饱和。为了不断满足人民对美好生活的需求，就必须生产"更多更好的产品"，由于资源的约束，这只能依靠技术进步来实现。但技术进步不是无中生有，它不能独立于经济运行的过程。我们关心的问题是,它生长的土壤是什么。科技创新与技术进步依赖人类的复杂劳动,这种创造性劳动往往是难以监督的。因此,创造性劳动尤其需要激励,收入分配的激励作用对促进技术进步是不可或缺的。收入分配制度构成技术进步的土壤,在这里,影响收入分配结果的制度安排与权力配置都是收入分配制度的组成部分。通俗地说,合理的收入分配能够发挥经济主体的积极性,对技术创新具有激励效应。另外,合理的收入分配使得社会购买力分布更加合理,能提升社会总需求,使企业更有动力进行技术创新,创造新需求。同时,合理的收入分配是人力资本积累的保障,尤其是保障低收入群体人力资本的基本投资,使全社会生产力得以稳步提升。从经济增长的本质来看,生产决定消费的方式、对象和动力,而消费是生产的最终目的,二者对立统一于社会再生产过程。作为联结生产与消费的枢纽,收入分配是生产与消费循环往复运动的支撑,这一循环往复运动是螺旋式上升的过程,正是依靠技术进步——源于收入分配的激励,这一无限循环往复运动不断被注入新的内涵。因此,在我国处于优化经济结构、转变增长动力的攻关期,探索与求证技术进步的源头具有重要意义。

二 文献梳理

影响技术进步的因素很多,它的源头自然是备受关注的问题。有的文献(董直庆等,2017)把技术进步分为原创性技术进步、引进技术和引进技术消化吸收三个类别[①],这不是本章关注的"技术进步来源",或者说,本章的焦点是原创性的技术进步是如何产生的。Hicks 最早提出诱致性技术进步概念,他认为要素价格的变动引发技术创新,也就是说,某种要素的相对价格提高会刺激企业寻找节约该要素的技术。这是一个似是而非的判断,因为节省成本(追求更多的利润)是企业的基

---

① 这样做的目的是比较不同类别的技术进步对收入分配的影响。

本动机，在任何时候（不仅仅是价格变动时）任何可能的节省要素成本的技术进步都会受到企业的欢迎。有些文献从地理、人口因素、制度、市场结构、需求、供给因素等方面考虑技术进步的来源（黄琪轩，2009），但这样的分类逻辑不太清晰，或者说，缺少进一步的追问"技术进步的根本源头在哪里"，这是我们关注的焦点。我们发现，不论从何种视角讨论技术进步的来源，都直接或间接地与利益动机相关联，所以，我们以收入分配为切入点对相关文献进行梳理。

直接研究收入分配影响技术进步的文献较少。值得一提的是，新卡莱斯基学派在新近的研究中尝试把技术进步内生化，他们认为劳动生产率作为技术进步的核心变量是内生决定的，取决于总需求和实际工资的增长。这里暗示了收入分配对技术进步的影响（史晋川、刘青，2017）。Bhaduri 和 Marglin（1990）利用开放经济条件下的新卡莱斯基模型对不同需求体制下功能性收入分配对技术进步的影响进行了比较研究，他们得出的结论是，功能性收入分配在工资主导型经济中会促进技术进步，而在利润主导型经济中则会抑制技术进步[①]。赵锦春和谢建国（2014）的研究也表明功能性收入分配对技术进步存在重要影响，但在利润主导型经济中，工资率对技术进步的影响难以确定。以上的研究都基于总需求的视角，强调总需求与技术进步的关系，弱化了收入分配对技术进步的影响。尤其是，加上"工资主导型"或"利润主导型"条件时，收入分配对技术进步的影响又变得模糊起来。但无论如何，以上研究肯定了收入分配对技术进步的作用。

为了更好地揭示收入分配与技术进步之间的关系，我们进一步考察以下两类相关文献：①收入分配对经济增长的影响；②技术进步对经济增长的影响。以上两类文献有丰富且比较深入的研究成果，并且从两类文献可以合理推断，收入分配是影响技术进步的关键因素，这是本课题的观点，也是本课题要重点探讨的问题。

---

① 如果产能利用率随着利润率的增加而增加，需求体制则称为利润主导型，否则称为工资主导型。

在第一类文献中，有很多是关于收入差距与经济增长之间数量关系的考察。库兹涅茨的研究可谓是开创性的，他认为，随着一个国家经济的发展，收入不平等要经历先升后降的过程，也就是遵循倒 U 形曲线。但后来的一些经验研究表明库兹涅茨的结论并非普遍成立；Perotti 和 Alesina（1996）利用 67 个国家的跨国横截面数据得出结论：收入差距对经济增长具有负向作用；Assa（2012）也得出了不平等抑制经济增长的结论；杨俊、张宗益、李晓羽（2005）利用中国 20 个省份 9 年的面板数据进行实证回归，得出的结论是收入差距与经济增长之间存在明显的负相关关系；沈坤荣、王东新、田伟（2010）认为中国收入分配不平等程度的加剧对经济增长产生了极为不利的影响，这主要基于两个方面：其一，收入分配的不平等造成消费需求不足，其二，收入分配的不平等将直接导致人才缺失，从而抑制生产力发展；钞小静和沈坤荣（2014）运用 1995～2012 年省际面板数据，对城乡收入差距与经济增长进行了实证分析，研究表明较高的城乡收入差距抑制了劳动力质量的提升，这使得更多人只能进入传统部门工作，严重影响了中国经济的长期发展。但也有不少研究得出相反的结论。例如，李子联（2011）认为在一定程度内，收入差距的扩大有利于促进而不是抑制经济增长，只是发展模式过于粗放，因此这种类型的经济增长并不会持久；Galor 和 Weil（1999）也认为收入差距扩大有利于经济增长；Barro（2000）利用跨国面板数据进行实证分析，发现在经济落后的国家或地区，收入越不平等越会抑制经济增长，而在经济发达的国家或地区，较大的收入差距往往有利于增加投资从而促进经济增长。该类研究的结论分歧很大，说明收入差距与经济增长之间的关系是一个复杂的问题，不同阶段或有不同的表现形式，纯粹的统计分析或数据挖掘难以得出令人信服的结论。甚至，收入差距影响经济增长并不是一个合适的命题。从影响机制来说，早期的研究主要聚焦于储蓄－投资渠道，当代研究拓宽了收入分配影响经济增长的渠道，包括政治经济、人力资本投资、社会稳定性和国内市场规模等多种机制。制度经济学家的研究或许更有启发性。诺斯和刘易斯视制度为内生变量，并分析了制度变迁对经济增长的重要作用，其增长机制中内含了收入分配对经济增长的影响。

第二类研究的结论有广泛的共识，即技术进步对经济增长有极其重要的作用。从理论上说，新古典增长理论以及由罗默、卢卡斯、格鲁斯曼、阿罗等创建和发展的新增长理论都认为长期的经济增长源泉是技术进步（周小亮，2015）。就中国的实践来说，有部分研究认为中国全要素生产率对经济增长有较大的贡献，在长期中仍具有持续的动力，如徐现祥和舒元（2009）采用对偶法核算得出全要素生产率对中国经济增长的贡献率约为25%；李平、钟学义、王宏伟等（2013）采用索洛余值法和纯要素生产率法测算的全要素贡献率高达40.81%和40.09%。但也有研究认为，资本（投资）是中国过去几十年经济增长最重要的动力，技术进步的贡献比较小，如丁志国、赵宣凯、苏治（2012）的研究都支持这一观点。新古典增长理论视技术进步为外生变量，这一假定使得技术进步对经济增长的影响研究降低了实践价值。新增长理论虽然强调技术进步的内生性，但也是在模型之外强加上去的。现有的做法是假设技术进步是资本（人均资本）或资本与劳动的函数，但函数形式（或参数）在不同国家或地区的差别是如何决定的并没有得到解释，即差别的源头仍然被塞进"黑匣子"。以生产函数为出发点的研究把资本和劳动不能解释的部分归结于技术进步（索洛余项），不是真正意义上的技术进步内生化，尽管拟合度很高（这是自然的），但"技术进步来源"的说明本质上也是模型假设事先规定的。我们关心的问题"技术进步从哪里来"仍然没有从内生增长模型中得到有说服力的解答。

尽管如此，以上两类文献的研究启发我们思考收入分配与技术进步的关系。尤其是，诺斯在其论文《西方世界增长的经济理论》和《庄园制的兴衰：一个理论模型》中提出了一个非同凡响的观点：对经济增长起决定性作用的是制度性因素而非技术性因素，并进一步指出，如果一个社会没有实现经济增长，那是因为社会没有为经济方面的创新活动提供激励（诺斯，1991）。伊斯特利（2005）也认为，如果不同国家之间存在技术差异，那么一定存在追求更先进技术的激励。诺斯和伊斯特利的见解揭示了收入分配影响经济增长可能的机制：收入分配—技术进步—经济增长。那么，收入分配影响技术进步的机制能否得到经验支持呢？已有的研究提供了一些间接的证据。赵锦春和谢建国（2014）的研究结果显示，功能性收入分配[①]对技术进步存在重要影响：在工资主导型国家中，工资率增加会促进技术进步；Marquetti（2004）利用美国1869～1999年的相关数据，检验了实际工资与劳动生产率之间的因果关系，验证了实际工资与劳动生产率之间的长期协整关系，而且实际工资增长是劳动生产率提高的直接原因。

根据新增长理论，收入分配影响技术进步有清晰的逻辑。也就是说，收入分配作为重要的制度安排为科技创新与技术进步提供激励。从第一类文献可以看出，收入差距如何影响经济增长或许不是一个恰当的命题，甚至是一个伪命题，因为从理论和实践两个方面都没有发现明确的对应关系。恰当的命题应该是收入分配如何影响经济增长，收入差距作为收入分配的一个特征不能恰当地概括收入分配的全貌。从实证的角度来看，收入分配的结构作为一个分布函数不能直接作为解释变量进入模型，从信息量和简约性两个维度来说，劳资收入分割的合理性和劳动者之间收入分配的公平性是刻画收入分配的两个恰当的指标。因此，收入分配如何影响经济增长这一命题可以表述为，收入分配中劳资收入分割的合理性和劳动者之间收入分配的公平性如何影响经济增长。与此相对应，就收入分配与技术进步的关系来说，恰当的命题是，劳资收入分割的合理性和劳动者之间收入分配的公平性如何影响技术进步。已有的文献和研究使我们有理由相信，正是劳资收入分割的合理性和劳动者之间收入分配的公平性，比较好地兼顾了收入分配的激励效应与总需求效应，从而构成技术进步的支撑。我们将在第二节给出进一步的说明。

---

① 功能性收入分配探讨的是各种生产要素各自在生产过程中的贡献及获得的收入占比，以及生产效率和分配的公平问题，涉及的主要是初次分配。

第二节　收入分配影响技术进步的理论分析

这里的收入分配是广义上的,影响收入分配结果的制度安排与权力配置都被视为收入分配制度的组成部分。

简单地说,收入分配影响技术进步的机制是,技术进步在提升供给侧响应消费需求的能力的过程中获得"利益奖赏","奖赏"来源于收入分配,后者成为激励技术进步的源头。按照马克思系统论的观点,生产、分配、交换、消费之间的矛盾运动决定了国民经济的发展,在现代金融体系下,作为社会再生产的四个环节之一的交换隐含在消费过程中,因此,生产与消费相互支撑、相互制约、相互推动的循环往复运动构成经济增长的动力①。收入分配是联结生产与消费的枢纽,通过激励生产和激发消费成为供求协调发展的支撑。经济增长的过程就是不断满足人类需求的过程,但人类需求是无止境的,资源却是有限的,持续的经济增长只有依靠技术进步方能实现。然而,技术进步不是无中生有,它依赖人类的复杂性劳动,收入分配的激励作用是不可或缺的。收入分配制度以及鼓励科技创新的体制机制就是技术进步生长的土壤,其肥沃程度取决于它在解决资源的有限性和需求的无限性的矛盾中获得何种"利益奖赏"。收入分配的激励机制通过激励效应和总需求效应来实现。收入分配的激励效应体现在两个方面。其一,是对创新的激励。技术进步与科技创新是紧密相关的,与劳动效率的提升也是密切相关的,这些都依赖创造性劳动或复杂劳动,劳动需要激励。其二,通过资源配置的途径促进技术进步。资源配置的体制机制对收入分配结果产生重要的影响,因此是收入分配的重要组成部分。追求利润是企业的基本动机,资源配置的体制机制决定了技术创新的成本与收益,本质上也是利益动机激发了企业进行技术创新的动力。收入分配的总需求效应的内涵是,收

---

① 因此,资本、劳动、技术、制度等单个因素都不能成为经济增长的动力,只是经济增长动力机制的组成部分。

入分配的结果决定社会购买力和需求结构，从而形成对技术进步的引导作用。激励效应与需求效应不是孤立的，是相互联系、相辅相成的统一体。一方面，技术进步都是"人干出来的"，归根结底是劳动的成果，并且是复杂性劳动的成果，劳动需要利益回报，需要激励；另一方面，没有需求，激励是无法实现的，因为只有瞄准需求的技术进步才能获得利益回报。况且，满足基本而普遍的需求也是劳动力再生产的基本要求，是人力资本积累的需要，是技术进步的重要前提。激励效应是激励机制的主要方面，因为需求效应并不能自动形成激励性的收入分配制度。激励效应和需求效应都是通过收入分配实现的，如果说激励效应与需求效应构成"回路"，收入分配就是这一"回路"的支撑，是激励的源头。能兼顾激励效应与需求效应的就是比较理想的收入分配制度，能够为技术进步提供持续的动力支撑。

以上就是收入分配影响技术进步的作用机制。以下我们分别对相似、相关或相左的观点进行说明，以进一步澄清我们的观点。

严格意义上说，收入分配与技术进步的关系是双向的。经济变量之间的关系常常如此。尽管本章的目的是探索收入分配对技术进步的影响，但相对而言，探讨技术进步影响收入分配的文献更多。钟世川和刘娟（2015）的综述论文对偏向性技术进步与收入分配的关系的研究进行了梳理[①]。就技术进步影响收入分配的研究来说，一个比较普遍的认识是，劳动偏向型技术进步使劳动收入占比增加，资本偏向型技术进步使劳动收入占比减少（Zuleta，2008）。但这里有一个默认的前提，即要素获得边际产品，这本身就是收入分配制度设定的大前提，因而，"技术进步影响收入分配的结果"是根本性的收入分配制度给定的前提下经济系统运行中的"局部截图"，如果承认技术进步的内生性，那么，从更宽的视野来看，收入分配制度影响技术进步才是更合理的判断。虽然技术进步的演进也会影响社会制度（包含收入分配制度）的

[①] 如果技术进步更有助于提高某种要素的边际产出，则称为偏向该要素的技术进步，或者说技术进步偏向该要素。

形成，但后者往往是严重滞后的。

技术进步对于经济增长的重要性已形成广泛的共识。但诺斯（1991）指出，对经济增长起决定性作用的是制度性因素而非技术性因素。这并不矛盾，只不过在诺斯看来，技术进步不是外生变量，它是由制度决定的，源于制度的激励。收入分配是制度的重要组成部分，更是激励的重要源头，它对技术进步的影响有充分的学理依据。事实上，任何技术创新归根结底都源于人的创造性劳动，收入分配的激励是至关重要的。熊彼特认为，无论从哪个角度，所感知到的获利可能性（如果不是出于非常原始的需要）都是发明之母。这种观点在技术史学家的观点中占主导地位。虽然不能否认由需求所诱致的发明和技术创新的存在，但这仍然包含利益的驱动，根据前面的分析，激励效应与需求效应是相辅相成的，总需求的数量与结构都由收入分配决定，激励的源头还是收入分配。社会主体通过满足社会需求而获利，获利数量与其创造的价值正相关，这正是市场经济的逻辑，也是收入分配激励生产和技术创新的逻辑。发明和技术创新之所以会进行，是因为人们相信发明和技术创新会带来利润，是对经济激励的反应，这也是内生增长理论视技术进步为内生变量的原因。作为一种权力配置的政治制度和激励约束的经济制度，收入分配会通过资源配置（包括资本和劳动的配置模式）对要素结构和产出结构产生直接的影响。平均主义的收入分配，除了降低人们的劳动积极性外，还会减少需求的多样化，导致不合理的需求结构进而影响产业结构的升级，弱化技术进步的动力。两极分化的收入分配会导致起点不公和过程不公。行业垄断、地区发展不平衡、国有企业和民营企业的不平等待遇，使得各个市场主体处于不平等竞争的地位，分配体系的扭曲使得个人所得与其在满足社会需要中的实际贡献不匹配，对技术进步的激励严重不足。另外，在两极分化的收入分配结构下，大量贫困人口无力积累物质资本，在基本生活得不到保障的情况下，更没有动力进行人力资本投资，导致贫困的代际转移和社会阶层的固化，使得社会整体人力资本的提升受到制约，技术进步的人才基础被削弱。

收入分配对技术创新的激励不限于对创新活动本身的激励。技术创新离不开个体的创造性劳动，但往往也是企业、高校等创新主体有计划有组织的研发活动的结果，也凝聚了企业家等管理者的创造性劳动，它们的作用是不可或缺的。就技术进步的推进来说，对企业及其管理者的激励也是至关重要的，甚至是更重要的，因为它们在资源配置中起着重要作用，同时也是技术创新激励的"操盘手"。

推动技术进步是为了更好地满足消费需求，创造更多的社会财富。为了激励，价值分配应该与价值创造正相关。如果说人力资本是技术创新中最重要的因素，对劳动的激励就是资源配置中最重要的部分，收入分配体系——决定分配结果并影响资源配置的制度安排与权力配置，对技术进步的影响是长期而深远的。

收入分配影响技术进步的另外一种解释，是基于市场需求对技术创新的引导作用，认为收入分配会影响市场规模、融资约束，从而影响企业创新活力和研发投入的积极性。这实际上就是本章所说的收入分配的需求效应，是孤立地解释需求对技术创新的引导作用。把需求效应与激励效应作为一个相互联系的整体，才能更深刻地理解收入分配对技术进步的影响，才能揭示收入分配影响技术进步的因果逻辑，而不是相反。

第三节　收入分配影响技术进步的计量模型

一　收入分配与技术进步的刻画

收入分配通过激励效应、需求效应和资源配置功能对技术创新、产业结构等生产要素产生影响。收入分配的全部信息包含在收入分布函数中，但收入分布函数是不能直接进入计量模型的。如前所述，从影响机制来说，我们要研究的是收入分配中劳资收入分割的合理性和劳动者之间收入分配的公平性对技术进步的影响，就是说，我们把劳资收入分割的合理性和劳动者之间收入分配的公平性作为收入分配的两个重要特征,是刻画收入分配的两个维度。劳动收入占比是劳动收入与资本收入的分割,劳动收入占比的上升能够激励劳动者的工作积极性,调动其创造能力,提升生产效率,从而实现技术进步(激励机制)。这是第一个维度。另一个维度是,劳动者之间收入分配的合理性,我们用国有企业员工与城镇居民平均工资差额来刻画。就数据的可得性与我国的实际情况来说,这是一个比较好的选择。如果劳动者之间的竞争是充分且公平的,用第一个指标来描述收入分配的合理性已经足够,因为在一定范围内,劳动收入占比的增加意味着激励的增加,同时也意味着总需求的增加[①],劳动收入占比提升的同时促进了激励效应与总需求效应,是收入分配较好的测度。然而,不同劳动者之间的不平等竞争是我国目前收入分配中一个比较严重的问题,如不同类别的企业之间的收入分配存在比较严重的不公平。根据数据可得性,本节用国有企业员工与城镇居民平均工资差额来测度劳动者内部分配的公平程度,即劳动者内部收入分配的合理性。差距越小,合理程度越高[②]。

改善收入分配从而促进经济增长的基本实现途径是提高技术进步对经济增长的贡献,此问题的研究要求我们对技术进步进行衡量,全要素生产率恰好能够很好地度量这一指标。全要素生产率,通常又叫作技术进步率,最早由索洛提出,具体含义是指全部生产要素(包括资本、劳动、土地,但通常分析时都略去土地不计)的投入量都不变时,而生产量仍能增加的部分。即全要素生产率增长率是除所有有形生产要素以外的纯技术进步的生产率的增长,通常采用产出增长率扣除各投入要素增长率后的残差来测算。这里所讲的技术进步是一个广义的概念。从计算的方式来看,全要素生产率表示经济增长中剔除资本与劳动增长的贡献后剩余的部分,把它归结为技术进步的贡献是比较合理的。因此,本节

[①] 如果劳动者之间的竞争是公平且充分的,由于劳动能力大致服从正态分布,劳动者收入增加便意味着总需求的增加。

[②] 国有企业员工平均工资较高,两者的差为正。所以该变量越小意味着差距越小。见第五章第三节第三部分的"(二)变量选取与数据来源"。

采用全要素生产率对技术进步水平进行测度。

二 变量的选取与测算

本节利用 1999~2015 年我国 30 个省份的面板数据来检验收入分配对技术进步的影响程度，下面逐一介绍被解释变量和解释变量的选择。

（1）被解释变量——全要素生产率。采用索洛残差法来估计全要素生产率。根据柯布-道格拉斯生产函数，全要素生产率的计算公式为

$$\dot{A} = \dot{Y} - \alpha \dot{K} - \beta \dot{L} \tag{6-1}$$

其中，$\dot{Y}$ 表示实际产出增长率，$\dot{K}$ 表示实际资本增长率，$\dot{L}$ 表示劳动人口增长率。各地区劳均生产总值的实际增长率可利用统计年鉴中的各地区生产总值实际增长指数进行计算，而实际增长指数是以上一年为 100 公布的，因此不需要进行折算，具体计算公式为

$$\dot{y} = \frac{y_t}{y_{t-1}} - 1 \tag{6-2}$$

其中，y_t 表示第 t 期劳均 GDP 的实际增长指数，因此为了计算各省份全要素生产率，只需要计算出资本弹性即可。借鉴傅晓霞和吴利学（2006）的参数回归法估计资本产出弹性，具体的回归方程如下：

$$\dot{y}_{it} = \tau + \alpha \dot{k}_{it} \tag{6-3}$$

其中，τ 表示技术进步率，α 表示资本产出弹性，$\dot{k}$ 表示劳均实际资本增长率，i 表示省份，t 表示年份。对于资本投入要素的度量，借鉴单豪杰（2008）的做法，他认为把固定资本形成额作为衡量指标是一个合理的选择，用此计算新增固定资产投资相比其他指标更合适。为了计算实际新增固定资产投资，需要使用固定资产投资价格指数，在统计年鉴里，固定资产投资价格指数是以上一年为 100 公布的，因此需要统一以 1998 年的价格进行折算。学术界计算固定资本常采用的方法是永续盘存法，具体计算公式如下：

$$K_t = K_{t-1}(1-\delta) + \frac{I_t}{P} \qquad (6-4)$$

其中，δ 表示折旧率，I 表示新增固定资产投资，P 表示资产价格指数。现有文献采用不同的折旧率进行计算，这里采用大部分人选择的 0.1 作为折旧率，并且直接使用单豪杰 1998 年的初期资本存量的数据，其中四川的资本存量数据包括了重庆的资本存量。按照类似的方法来分别计算四川与重庆的初期资本存量，其值分别为 6011.76 亿元和 2617.03 亿元。

通过上述方法得到各省份每年实际资本存量，然后除以各地区劳动人口，再取对数做一阶差分就可以获得实际劳均资本增长率，得到 1999~2015 年资本产出弹性为 0.766，因而劳动产出弹性为 0.234，然后再根据式（6-1）计算出各地区各年份的全要素生产率。

（2）解释变量。以下对本章所用到的解释变量进行说明。

劳动收入占比。已有研究结果表明，收入差距与技术进步不是单调的对应关系①，收入分配的合理性对技术进步的影响才是合理的命题。劳动收入占比是衡量劳资收入分割的指标，是劳动报酬占国民生产总值的比重。因为我国 1993 年才开始对各个省份的生产总值按要素收入的分配进行统计，而四川和重庆两个地区自 1998 年开始才有全年的统计数据，因此为了统一数据口径，选择 1999~2015 年的数据，数据来源于吕光明和于学霆 2018 年统一口径后重新核算的劳动收入占比（吕光明、于学霆，2018）。

国有企业员工与城镇居民平均工资差额（在回归结果中简称"工资差额"，本章下同）。该变量用来衡量劳动者之间的收入分配的平等程度，也就是劳动者之间竞争的公平程度，它与劳动收入占比一起共同刻画收入分配的合理性。计算方式是用国有企业员工的平均工资减去城镇就业人员的平均工资。国有企业是我国国民经济的重要支撑，但是不

---

① 一个变量随着另一个变量的增加而增加（或减少），称为单调关系。

可否认的是，国有企业存在比较严重的垄断，并且在一定程度上享有地方保护的特权，因此一般而言，国有单位的平均工资要高于城镇单位的平均工资。数据来源于国家统计局。

对外开放程度。用各地净出口总额与 GDP 的比值来衡量。对外开放程度可能对技术进步产生影响。一方面，进出口作为落后国家参与国际分工的直接方式，发达国家将低价值生产环节向周边扩散在一定程度上提升了落后国家的技术进步水平（杨巨，2012）。另一方面，对外开放促使国内企业参与国际竞争，倒逼其提升技术能力。数据来源于 Wind 数据库。

外商直接投资水平。采用各地区外商直接投资与 GDP 的比值进行衡量。许多研究表明外商直接投资水平对技术进步存在正向或负向的影响。例如，姚洋（1998）指出，外商直接投资对资本进入国有明显的正外部性，虽然外国投资者带来的技术不是最先进的，但仍然有效地促进了资本引进国的技术创新。数据来源于 Wind 数据库，由于数据采用美元计算，因此要先使用汇率进行折算。

金融发展水平。采用金融机构人民币贷款余额与 GDP 的比值来衡量金融发展水平，这是比较常用的指标。一般认为，金融发展水平与经济增长有密切的关联性。有理由相信，金融发展水平也是技术进步的重要影响因素。苏基溶和廖进中（2009）的研究表明金融发展能够支持研发投入并吸引外来技术，有利于提升本国的技术水平。无论如何，金融发展水平作为控制变量是必要的。数据来源于历年《中国金融年鉴》和各省份主要经济金融统计。

税收占比。采用生产税净额与 GDP 的比值来表示。税收占比可以作为劳动收入占比的补充信息。数据来源于中国国家统计局官网。

劳动人数增长率。采用各地区每年就业人数相对上一年就业人数的增长率作为指标。数据来源于中国国家统计局官网。

表 6 - 1 是各变量的描述性统计结果。

表 6-1　各变量的描述性统计结果

变量	观测值	平均值	方差	最小值	最大值
全要素生产率	510	-0.0100	0.0313	-0.1982	0.0809
劳动收入占比	510	0.4605	0.0595	0.3324	0.6453
金融发展水平	510	1.1360	0.3995	0.5528	3.2917
外商直接投资水平	510	0.0277	0.0248	0.0007	0.1536
工资差额	510	38.1574	33.7452	-65.0538	173.1040
劳动人数增长率	510	0.0216	0.0581	-0.2537	0.6007
对外开放程度	510	0.3249	0.4161	0.0316	1.8436
税收占比	510	0.1473	0.0270	0.0681	0.2466

（3）计量模型。本节的目的在于检验收入分配对技术进步的影响，本质上是考察收入分配的合理性对技术进步的影响。根据前面的分析，用两个基本变量刻画收入分配，其一是劳动收入占比，其二是国有企业员工与城镇居民平均工资差额。采用的数据为省级面板数据，使用固定效应模型与随机效应模型。为了考虑异方差问题，采用异方差稳健性估计与以上两个结果进行对比。涉及的计量模型如下：

$$TFPgrowth_{it} = \alpha_0 + \alpha_1 labsh_{it}^2 + \alpha_2 tswg_{it} + \beta M_{it} + \mu_{it} \qquad (6-5)$$

其中，$TFPgrowth$ 为全要素生产率，用来表示技术进步；$labsh$ 表示劳动收入占比；$tswg$ 表示国有企业员工与城镇居民平均工资差额；M 表示控制变量，包含对外开放程度、外商直接投资水平等前面提到的变量。

第四节　收入分配影响技术进步的实证研究

一　数据预处理

为了构建合适的模型，本节对一些变量做了变换，本质上是构建非线性模型。本节对"国有企业员工与城镇居民平均工资差额"这一变量做如下变换：先取绝对值，再求平方根，然后加上原有的符号，即保留其原有的符号不变。一般的取对数或是求平方根的处理无法识别这一差额的正负号,这里的处理方式取得了比较好的效果①。同时,对劳动收入占比这一变量,因为自1949年以来对劳动报酬统计口径的变更可能会影响到实际的计量结果,所以首先要使劳动收入报酬的计量有统一的核算口径,因此本节使用吕光明和于学霆(2018)在统一核算口径下重新测算的1999~2015年省份层面的劳动收入占比。

二 单位根检验

为了避免在回归过程中出现虚假回归的问题,我们需要对面板数据进行单位根检验,以检验样本变量的平稳性。单位根检验的方法很多,但多数面板单位根检验只适用于相同的自回归系数与平衡面板数据,本节选择允许不同的自回归系数与非平衡面板数据的费雪式面板单位根检验(表6-2)。

表6-2 面板数据单位根检验结果

变量	卡方值	P值	结果
全要素生产率	183.2043	0.0000	平稳
劳动收入占比的平方	154.0890	0.0000	平稳
金融发展水平	167.5581	0.0000	平稳
工资差额	151.5319	0.0000	平稳
劳动人数增长率	207.1791	0.0000	平稳
对外开放程度	139.2055	0.0000	平稳
外商直接投资水平	148.8424	0.0000	平稳
税收占比	159.5619	0.0000	平稳

三 基本回归结果

考虑到内生性问题,把劳动收入占比的平方的1阶滞后作为解释变

---

① 第五章也做了类似的数据处理。

量。平方关系比线性关系有更好的拟合效果。分别用固定效应、随机效应和异方差稳健性估计方法进行估计，估计结果分别用（1）、（2）、（3）表示。表 6-3 中的 Hausman 检验是为了检验固定效应与随机效应估计结果是否有显著差异，若拒绝了原假设，则表示采用固定效应模型更有效。

表 6-3 基本回归结果分析

全要素生产率	（1）	（2）	（3）
劳动收入占比的平方	0.0452 * （0.0291）	0.0445 ** （0.0267）	0.0452 * （0.0314）
外商直接投资水平	0.1331 （0.0937）	0.1631 ** （0.0813）	0.1331 （0.0737）
金融发展水平	-0.0144 ** （0.0064）	-0.0088 * （0.0051）	-0.0441 * （0.0074）
对外开放程度	0.0367 *** （0.0099）	0.0282 *** （0.0064）	0.0367 *** （0.0045）
劳动人数增长率	-0.2590 *** （0.0180）	-0.2605 *** （0.0181）	-0.2590 *** （0.0156）
税收占比	-0.1979 ** （0.0639）	-0.1366 ** （0.0589）	-0.1979 ** （0.0676）
工资差额	-0.0001 * （0.0001）	-0.0001 ** （0.00004）	-0.0001 * （0.0001）
常数项	0.0198	0.0068	0.0198
N	510	510	510
F	37.07		57.02
调整后的 R^2	0.2539	0.3189	0.4848
Hausman 检验	0.2049		

注：①***表示在1%的置信水平上显著，**表示在5%的置信水平上显著，*表示在10%的置信水平上显著。②工资差额即差额的绝对值的平方根，取负号。

Hausman 检验的结果说明随机效应优于固定效应，稳健性估计的结果与随机效应模型的结果是类似的，虽然稳健性估计的拟合优度更大，但是我们应该对这两个模型进行比较来得出结论。

我们关注的主要变量是劳动收入占比及国有企业员工与城镇居民平

均工资差额。随机效应模型中劳动收入占比的单侧显著性在 5% 以内，稳健性估计中其显著性在 10% 以内，都是较为显著的。劳动收入占比的平方（1 阶滞后）比线性关系有更加明显的显著性，说明劳动收入占比的提升对技术进步有很强的激励。国有企业员工与城镇居民平均工资差额的系数为负，随机效应模型中在 5% 的显著性水平下显著，稳健性估计中在 10% 的显著性水平下显著，这表明两者平均工资差额越小，对技术进步的发展越有利。由于差额为正，两者平均工资差额越小，意味着国有企业与其他类别员工的收入差距越小。换言之，提高劳动者之间的收入分配的公平性有利于推动技术进步。这可以解释为，公平的竞争更有利于技术创新的发生。

  税收占比对技术进步的影响为负，且在三个模型中都十分显著。这说明税收占比的增加会降低技术进步的水平。可能的解释是，税收占比的提高抑制了企业创造利润的积极性，同时也间接地降低了员工的收入水平，影响了企业的技术创新投入和劳动者的积极性，不利于技术进步。金融发展水平在随机效应中不太显著，稳健性估计中的显著性在 10% 以内，其系数为负，这说明我国金融资源配置效率较低，对技术进步的促进作用不明显，甚至在某种程度上起到了阻碍作用。可能的解释是，金融资源的错配引诱企业关注短期利益，失去创新的动力，同时也使实体经济失去发展的动能。外商直接投资水平对技术进步的效应为正，在两个模型中较为显著，可以看出外商直接投资的技术溢出促进了国内的技术发展，对中国的技术进步起到了促进作用。对外开放程度的系数显著为正，说明对外开放促进了中国的技术进步。可能的解释是，对外开放有利于引进国外的先进技术，同时国内企业在更激烈的竞争中提升了技术能力。劳动人数增长率对技术进步的影响为负，且在三个模型中均十分显著。可能的解释是，在我国粗放式经济增长的态势没有得到根本扭转的情况下，劳动力的增长无助于技术进步的提升，如果劳动力的增加没有伴随质量的提升（甚至下降），经济增长中技术进步贡献率的下降也是不难理解的。

为了更好地说明收入分配影响技术进步的因果关系，我们把劳动收入占比作为被解释变量，全要素生产率作为解释变量，其他控制变量不变，回归结果表明，全要素生产率的系数并不显著（P 值约为 0.42），这说明技术进步对劳动收入占比几乎没有影响。这也印证了本章的判断：偏向性技术进步影响收入分配的结论是在根本性的收入分配制度给定（要素获得边际产品）的大前提下的"局部截图"，在更宽的视野或更大的尺度下，仍然是收入分配影响技术进步。

第五节　结论

技术进步对经济增长的重要作用已经形成广泛共识。但技术进步并不是简单可得的，否则，不同国家与地区之间的经济发展水平就不会有如此大的差异。技术进步的源头是什么？本章从理论上论证了收入分配对技术进步的支撑作用，并且利用中国省级面板数据验证了这一结论。我们的命题本质上是，收入分配是技术进步的决定性因素，本章的收入分配用劳资收入分割的合理性和劳动者之间收入分配的公平性来刻画，前者用劳动收入占比（劳资收入分割）来测度，后者用国有企业员工与城镇居民平均工资差额来测度，在某种意义上刻画了劳动者之间竞争的公平性。与用收入差距刻画收入分配相比，本章的做法更具有说服力，因为收入差距与技术进步或经济增长不具有单调关系。本章的结论表明，对劳动的激励和劳动者之间公平的竞争对于技术进步具有至关重要的作用。从制度层面上来说，收入分配受技术进步和经济增长的影响比较小，并且有较大的延迟效应，收入分配的这种"刚性"或外生性特征说明本章的结论具有重要意义：可以通过优化收入分配制度促进技术进步与经济增长。

第七章 收入分配影响经济增长的实证研究

在第二章，我们通过分析经济增长动力机制的内涵，提出了供求联动机制。供给与需求是矛盾统一体，它们通过收入分配的联结实现了相互支撑、相互制约、相互推动的循环往复运动，这就是供求联动机制。如果说经济社会系统是一个有机体，那么生产、分配、交换、消费就构成了这个有机体的矛盾运动的四个关键环节，它们之间相互作用，其核心是通过收入分配实现生产与消费之间的关联。生产与消费最终体现为供给与需求。收入分配的资源配置功能与激励机制影响供给，其分配结果决定居民购买力分布进而影响总需求，即收入分配联结供求并支撑着供求的协调发展，这就是经济增长的动力机制。就是说，收入分配是供求联动的枢纽。前面的研究，是从单方面探讨收入分配对有效供给或有效需求的影响，本章从整体的角度探讨收入分配对经济增长的影响。

第一节 收入分配影响经济增长的实证研究

如前所述，经济增长的本质是"在资源约束下生产更多更好的产品并共同分享"。简而言之，生产与分享是经济增长的核心问题，收入分配自然是生产与消费协调发展的纽带，是经济增长的支撑。就我们最容易观察到的事实而言，收入分配对经济增长的影响表现为消费需求的规模，这种影响可以分为直接影响和间接影响，前者是收入分配通过购买

第七章　收入分配影响经济增长的实证研究

力分布对消费需求产生的影响，后者是通过收入分配的激励效应影响有效供给进而对消费需求产生的影响。因此，收入分配不仅对经济增长有至关重要的作用，而且与有效供给和有效需求的协调发展密切相关。另外，生产（决定消费）是经济增长的主要矛盾，产品的生产是分享的前提。各种要素包括技术进步对经济增长的贡献归根结底都来源于劳动者的创造，而劳动者创造的激励主要来源于收入分配，因此收入分配影响经济增长的逻辑是成立的。为了提供经验支持，我们利用相关数据对此进行验证。

一　数据与指标的选取

本章利用历年《中国统计年鉴》（主要是 2017 年统计年鉴；国家统计局网站）计算国民总收入、居民总消费、居民消费率和劳动收入占比[①]等相关指标。

应该指出的是，收入分配的完整描述实际上是对一个分布函数的确定，就现有的计量工具来说，如果不对其进行简化，就无法精确刻画它与经济增长的关系。实际上，在收入分配影响经济增长的相关研究中，有很多是对收入差距与经济增长之间纯数量关系的考察。库兹涅茨（Kuznets，1955）的研究可谓是开创性的，他断言，随着一个国家经济的发展，收入不平等要经历先升后降的过程，即遵循倒 U 形曲线。但后来的一些经验研究表明库兹涅茨的结论并非普遍成立。Perotti 和 Alesina（1996）利用 67 个国家的跨国横截面数据得出结论：收入差距对经济增长具有负向作用；Assa（2012）也得出了不平等抑制经济增长的结论。但也有不少研究得出相反的结论。该类研究的结论分歧很大，这说明收入分配与经济增长之间的关系是一个复杂的问题，不同阶段或有不同的表现形式。这也进一步说明，收入差距与经济增长关系的考察并未触及收入分配影响经济增长的本质，也就是说，考察收入差距如何

---

① 利用国民经济核算资金流量表。

影响经济增长不得要点。我们应该关心的问题是收入分配的合理性如何影响经济增长,从收入分配影响经济增长的机制分析可见,正是收入分配导致的购买力分布及其对生产的激励效应决定了供求的协调发展。因此,合理性就是收入分配结果决定的需求效应与分配的激励效应之间的兼顾。

从收入分配的数值特征中找一个刻画合理性的特征并非易事,但劳动收入占比正好符合当下的要求。一方面,经济增长的本质是生产更多更好的产品并共同分享,生产与消费协调发展的主要矛盾在于生产,正如马克思所说,生产决定消费。所以,经济增长最大的激励是对劳动的激励,归根结底,价值都离不开劳动者的创造,劳动是价值的唯一源泉。在一定范围内,劳动收入占比能恰当地刻画收入分配的激励强度。目前,在中国特色社会主义市场经济条件下,普通劳动者之间的竞争是比较充分的,劳动收入占比在很大程度上刻画了劳动与资本收入比例的合理性。例如,在中国劳动收入占比偏低的情况下,资本的高收入占比意味着资本所有者群体获得了过高的收入,他们的劳动以资本收入的名义获得了不当的收入,对两个群体的激励失衡。另一方面,在一定范围内,劳动收入占比的提高有助于扩大中产阶级的群体,促进橄榄形收入分配结构的形成,降低收入差距[①],从而提高社会总需求。简而言之,劳动收入占比的提高能同时提高对生产的激励效应与社会总需求,即激励效应与需求效应相向而行。这说明,用劳动收入占比刻画收入分配的合理性符合我们的研究目的。

经济增长常常用 GDP 来表示。但从可持续发展和消费者获得感的视角来说,居民总消费是一个更恰当的指标。一方面,经济增长的成效要通过居民的消费来体现;另一方面,居民的消费意愿反映了社会的有效供给能力与水平,并且长期来看,资本形成额的潜在效益终归要通过未来的居民消费来体现。所以,从供求协调发展决定经济发展水平的视

---

① 下面的实证研究将证实这一结论。

角来说，居民消费能更好地表达经济增长的本质内涵。由于劳动收入占比是一个比例，出于对等的考虑，我们用居民消费率来刻画经济增长的可持续性。

本章用 $labshare$ 表示劳动收入占比，$consshare$ 表示居民消费率，即

$$labshare = \frac{\text{劳动报酬}}{\text{国民总收入}}, consshare = \frac{\text{居民总消费}}{\text{GDP（支出法）}} \quad (7-1)$$

其中，劳动报酬是《中国统计年鉴2017》资金流量表中的劳动报酬，居民总消费是指 GDP（支出法）构成中的居民消费支出。

二 数据处理与初步分析

为了考察居民消费率与劳动收入占比之间的关联性，作劳动收入占比与居民消费率的散点图（见图 7-1）。

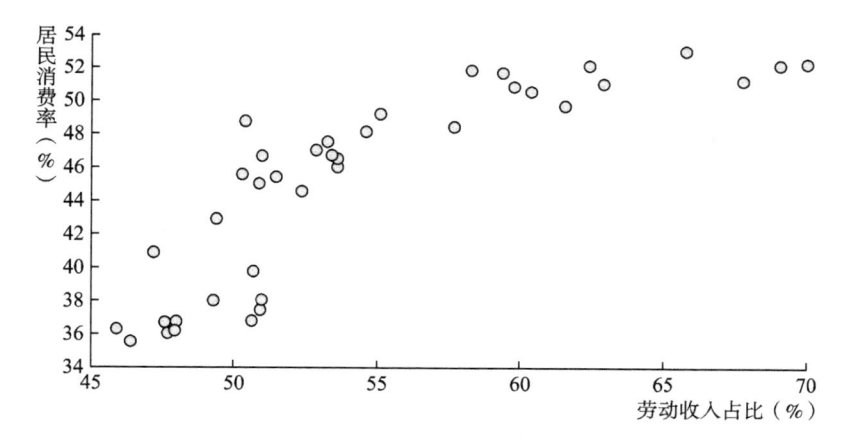

图 7-1 居民消费率与劳动收入占比的散点图（1978~2015年）

散点图明显地显示出两者之间的高度相关性，相关系数约为 0.83。为了更精确地考察两者之间的关系，对居民消费率与劳动收入占比作中心化处理，即各自减去自身的最小值。即令

$$xc = labshare - 0.45905504 \quad (7-2)$$
$$yc = consshare - 0.35562316 \quad (7-3)$$

作 xc 与 yc 的散点图（见图 7-2）。

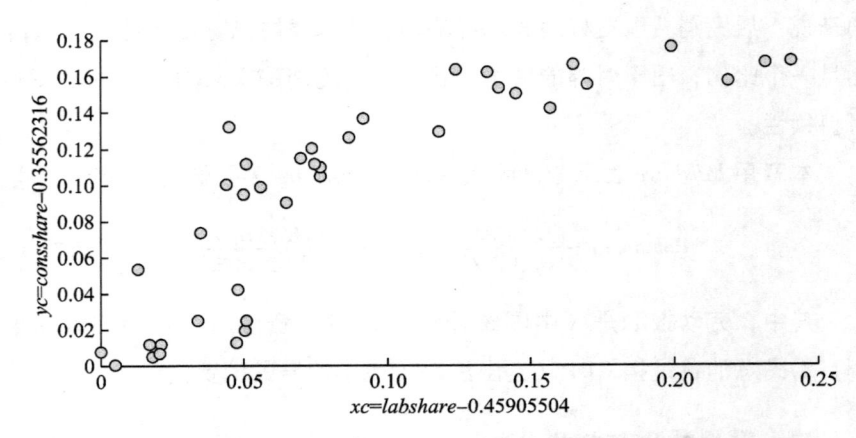

图 7-2　中心化的居民消费率与劳动收入占比的散点图（1978~2015 年）

由图 7-2 可见，yc 与 xc 之间呈现出幂函数关系，经过试验，yc 的 4 次幂即 yc^4 与 xc 之间有近似的线性关系，如图 7-3 所示。

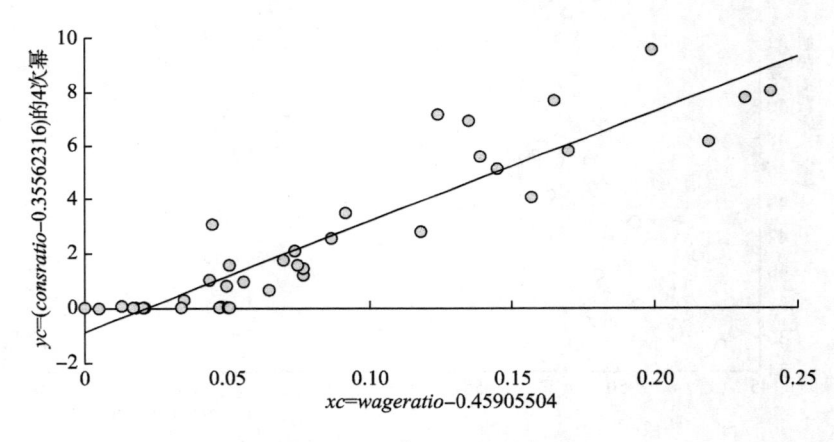

图 7-3　yc^4 与 xc 的散点图

以上的初步分析表明，居民消费率是劳动收入占比的递增函数，且 yc^4 与 xc 有近似的线性关系。据此，回归模型设定为

$$yc^4 = \beta_1 + \beta_2 xc + \varepsilon \tag{7-4}$$

考虑到收入分配的不平等程度会对居民购买力分布产生影响进而对消费需求产生影响，有必要考察把基尼系数 $Gini$ 加入上述模型后，模型估计是否有进一步的改善，即比较

第七章 收入分配影响经济增长的实证研究

$$yc^4 = \beta_1 + \beta_2 xc + Gini + \varepsilon \tag{7-5}$$

三 计量分析及结果解读

利用《中国统计年鉴》的相关数据（1978~2015年），得到方程（7-4）和方程（7-5）的回归结果（见表7-1）。

表7-1 方程（7-4）和方程（7-5）的回归结果

yc^4	变量	系数	标准误	P值	拟合优度	残差最大值	残差最小值
方程（7-4）	cons.	-0.000090	0.0000313	0.00680	0.845	0.000301	-0.000187
	xc	0.004059	0.00029	0.00000			
方程（7-5）	cons.	0.000351	0.000168	0.04400	0.871	0.000326	-0.000145
	xc	0.003081	0.000455	0.00000			
	Gini	-0.000903	0.000339	0.01160			

从上述结果可见，劳动收入占比对居民消费率有显著影响，加入基尼系数后方程（7-5）有进一步的改善。前面关于劳动收入占比影响经济增长的机制分析得到了验证。为了进一步说明两者之间的因果关系，估计如下回归方程：

$$yc^4 = \beta_1 + \beta_2 xc + \beta_3 xc(-1) + \varepsilon \tag{7-6}$$

$$yc^4 = \beta_1 + \beta_2 xc + \beta_3 xc(-1) + Gini + \varepsilon \tag{7-7}$$

$$yc^4 = \beta_1 + \beta_2 xc + \beta_3 xc(-1) + yc^4(-1) + Gini + \varepsilon \tag{7-8}$$

估计结果见表7-2。

表7-2 方程（7-6）、方程（7-7）、方程（7-8）的回归结果

yc^4	变量	系数	标准误	P值	拟合优度
方程（7-6）	cons.	-0.000102	0.0000314	0.0027	0.86
	xc	0.003951	0.000771	0.0000	
	xc(-1)	0.000177	0.000768	0.8188	

续表

yc^4	变量	系数	标准误	P值	拟合优度
方程（7-7）	cons.	0.000282	0.000220	0.2079	0.86
	xc	0.003069	0.000900	0.0017	
	xc(-1)	0.000185	0.000745	0.8057	
	Gini	-0.000772	0.000437	0.0870	
方程（7-8）	cons.	0.000221	0.000215	0.3105	0.884
	xc	0.002284	0.000968	0.0246	
	xc(-1)	-0.000372	0.000781	0.6369	
	yc^4(-1)	0.369665	0.201308	0.0756	
	Gini	-0.002573	0.000436	0.1980	

方程（7-6）的右端增加了劳动收入占比（中心化）的滞后项，但 P 值约为 0.82，说明劳动收入占比的滞后项对居民消费率几乎没有影响，这表明劳动收入占比对居民消费的影响基本上是当期实现的。更重要的是，由于 xc 与 $xc(-1)$ 是高度相关的（相关系数约为 0.93），xc 的高度显著与 $xc(-1)$ 的不显著表明 xc 对 yc 有明显的因果关系，即劳动收入占比与居民消费率之间有明显的因果关系。与此相对照，考虑与方程（7-8）类似的方程，但解释变量与被解释变量交换位置：

$$xc = \beta_1 + \beta_2 yc^4 + \beta_3 yc^4(-1) + xc(-1) + \varepsilon \quad (7-9)$$

得到的估计结果见表 7-3。

表 7-3　方程（7-9）的估计结果

xc	变量	系数	标准误	P值	拟合优度
方程（7-9）	cons.	0.018323	0.005456	0.0020	0.931
	yc^4	79.28475	26.07724	0.0046	
	yc^4(-1)	66.25895	33.88608	0.0591	
	xc(-1)	0.354457	0.118825	0.0053	

比较方程（7-8）与方程（7-9）的估计结果，可以进一步印证前面的论断：劳动收入占比与居民消费率之间具有因果关系。如果两者

之间仅仅是相关性（数据相关），方程（7-8）中 $xc(-1)$ 的系数也应该是显著的，因为 xc 与 $xc(-1)$ 是高度相关的，正如方程（7-9）中 $yc^4(-1)$ 的系数是显著的。通俗地说，xc 对 yc^4 的影响不能由 $xc(-1)$ 来表现，尽管 xc 与 $xc(-1)$ 是高度相关的，这是 xc 与 yc^4 之间因果关系的有力证据。从某种意义上说，劳动收入占比（中心化）xc 由收入分配制度决定，具有一定的刚性，因此 yc^4 与 xc 没有因果关系，仅有数据相关性，正因为如此，方程（7-9）中 $yc^4(-1)$ 的显著性表现的是其与 xc 的相关性，它分担了一部分 yc^4 与 xc 的相关性 [yc^4 与其滞后项 $yc^4(-1)$ 的相关系数约为 0.92]。

简而言之，方程（7-8）中 xc 与 yc^4 的相关性不能由 $xc(-1)$ 来分担，从技术上来说，我们由此判断劳动收入占比与居民消费率具有因果关系，从而验证了劳动收入占比与居民消费率之间的因果关系，这进一步佐证了收入分配对长期经济增长的支撑作用。

上面的分析也表明，劳动收入占比对居民消费率的影响是当期的。实际上，我们尝试做格兰杰因果检验时，xc 并非 yc 的格兰杰原因[1]。这是因为格兰杰检验的是 xc 的滞后项是否对 yc 有影响，它不能检验到当期的影响[2]。

四 提升劳动收入占比对于提高居民消费率的作用评估

当劳动收入占比增加 1% 时，xc 的增量为 $\Delta xc = 0.01$，基尼系数下降，利用基尼系数（$Gini$）对劳动收入占比（xc）的回归方程得到

$$\Delta Gini \approx -1.083965 \times 0.01 = -0.01083965 \qquad (7-10)$$

由方程（7-5）得到

$$\Delta(yc^4) \approx 0.003081 \times 0.01 + 0.000903 \times 0.01083965 \approx 0.0000405982$$

就我们观察的范围来说，yc 的变化区间是 [0, 0.1664]，如果 yc 变

---

[1] 滞后 2~6 期，结果均不显著。
[2] 我们获取的数据是年度数据，如果有月度数据，应该有不同的结果。

动的起点是 $0^①$，则 $(\Delta yc)^4 = \Delta(yc^4)$，$\Delta yc \approx \sqrt[4]{0.0000405982} \approx 0.08$，即居民消费率提高 8%。

如果 yc 变动的起点是 0.0832（区间中点），则由

$$d(yc^4) = 4(yc)^3 \times dyc \approx 4(yc)^3 \times \Delta yc \qquad (7-11)$$

得到

$$\Delta yc = \frac{0.0000405982}{4 \times (0.0832)^3} \approx 0.0176 \qquad (7-12)$$

即居民消费率提高 1.76%。

如果 yc 变动的起点是 0.1664，则

$$\Delta yc = \frac{0.0000405982}{4 \times (0.1664)^3} \approx 0.0022 \qquad (7-13)$$

即居民消费率提高 0.22%。

以上分析表明，当居民消费率较低时，提高劳动收入占比对于提高居民消费率有比较明显的促进作用。

五 稳健性检验

为了验证以上分析结果的稳健性，我们用消费率（总体消费率）代替居民消费率，可得到类似的结果。具体来说，令

$$crc = 消费率 - 0.485 \qquad (7-14)$$

其中，消费率是总消费率，数据来源于《中国统计年鉴 2017》（支出法 GDP），0.485 是 1978~2015 年最低消费率。标准化是为了更好地描述劳动生产率与消费率的关系。估计回归模型

$$crc^4 = \beta_1 + \beta_2 xc + \varepsilon \qquad (7-15)$$

$$crc^4 = \beta_1 + \beta_2 xc + \beta_3 xc(-1) + \varepsilon \qquad (7-16)$$

---

① 对应地，居民消费率变动的起点是 0.3556。

得到的结果见表7-4。

表7-4 居民消费率对劳动收入占比的回归结果（两个变量经中心化处理）

crc	变量	系数	标准误	P值	拟合优度
方程 (7-15)	cons.	-0.000087	0.0000355	0.0191	0.824
	xc	0.004268	0.000329	0.0000	
方程 (7-16)	cons.	-0.00009	0.0000357	0.0168	0.84
	xc	0.005388	0.000877	0.0000	
	xc(-1)	-0.001098	0.000874	0.2175	

以上估计结果与方程（7-4）和方程（7-6）的估计结果是相似的，同样可以得到其他类似的结果。这说明前面的结果是稳健的。

第二节　收入分配影响经济增长的跨国经验观察

为了进一步考察收入分配对居民消费率的影响是否具有普遍性，我们利用美国宾夕法尼亚大学的佩恩表（Penn World Table 9.0）[1]进行验证。佩恩表包含182个国家和地区有关劳动收入占比与居民消费率等相关年度数据，大部分国家和地区包含从1970年到2014年的观察值，也有一些国家和地区包含从1950年或1960年到2014年的观察值，有少数国家和地区仅包含从1990年到2014年的观察值。两个变量共有7082次观察值，其中有一部分观察值是推算出来的，有个别消费率的观察值为负数或大于1，除掉这些推测值和消费率的异常值，剩下2655次实际观察值。我们无法判断推测值的准确性，以下的分析是基于实际观测值的。

首先，绘制劳动收入占比与居民消费率的散点图（图7-4）。

---

[1] 具体内容见 https://www.rug.nl/ggdc/productivity/pwt/。

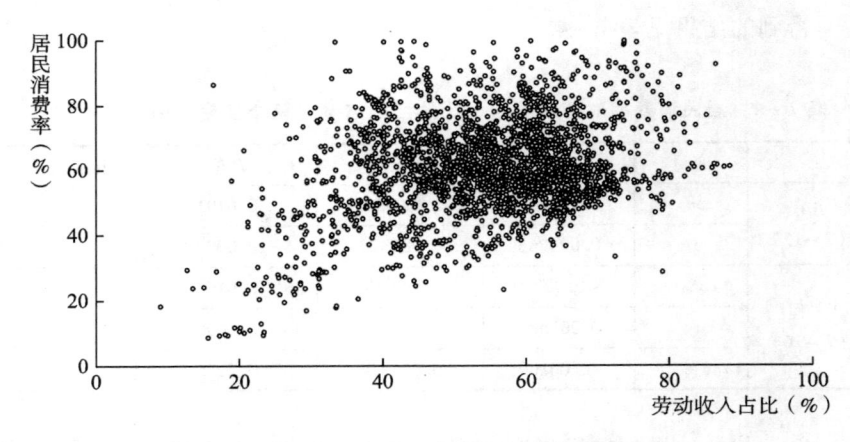

图7-4 劳动收入占比与居民消费率的散点图

资料来源：宾夕法尼亚大学官方网站

由图7-4可见，劳动收入占比与居民消费率之间存在较强的正相关关系。以居民消费率为被解释变量，劳动收入占比为解释变量，作面板回归得到如下结果（固定效应模型），见表7-5。

表7-5 居民消费率对劳动收入占比（x）的回归结果（面板回归：固定效应）

消费率	系数	标准误	P值	置信区间（95%）	拟合优度（$R-sq$）		
					within	between	overall
x	0.2356344	0.027831	0.000	[0.1811, 0.2902]	0.0276	0.1187	0.0673
cons.	0.4763631	0.015329	0.000				
ρ	0.7983						

在回归方程中，加入劳动收入占比的1阶滞后项（$x.lag$）作为解释变量，得到如下结果（见表7-6）。

表7-6 居民消费率对劳动收入占比及滞后项的回归结果（面板回归：固定效应）

消费率	系数	标准误	P值	置信区间（95%）	拟合优度（$R-sq$）		
					within	between	overall
x	0.2569937	0.04609	0.000	[0.165, 0.3490]	0.0517	0.0925	0.0714
$x.lag$	0.012704	0.04648	0.785	[-0.078, 0.1038]			
cons.	0.4520652	0.01341	0.000				
ρ	0.8542						

表 7-6 对应的面板回归等价于一个混合回归，但允许每个国家有不同的截距（相当于针对不同国家设置虚拟变量）。除了拟合优度以外，参数估计值均相同，但混合回归的拟合优度为 0.8256，校正拟合优度为 0.8161。

比较以上结果，劳动收入占比与居民消费率之间的因果关系十分明显。在两个方程中，劳动收入占比的系数十分显著，但其滞后项的系数不显著，这说明两者之间不仅仅是相关关系。如果两者之间仅仅是相关关系，由于劳动收入占比与其滞后项高度相关（相关系数为 0.9928），劳动收入占比的滞后项将会部分分担这种相关关系，但劳动收入占比的滞后项是不显著的。因此，劳动收入占比对居民消费率从而对经济的长期可持续发展的影响在国际的比较也是成立的；并且由图 7-4 可以看出，当劳动收入占比在 10% 与 50% 之间时，这种影响特别明显。这与中国的经验观察也是吻合的。

第三节　启示：收入分配制度改革的必要性

前面的理论分析阐明了收入分配对于经济增长的支撑作用，经验分析进一步说明了在一定范围内劳动收入占比的提高对于经济可持续发展的至关重要性，因此，实现中国经济增长动力转换的关键是收入分配制度改革，在目前中国劳动收入占比偏低的情况下，提高劳动收入占比是收入分配制度改革的重要目标之一。

现阶段，中国经济进入新常态，处于跨越"中等收入陷阱"的关键阶段，突破发展瓶颈必须依靠经济发展方式的转型升级来实现，其关键是通过供给侧结构性改革，促进人力资源潜力的释放与科技创新的发展。解放和发展生产力需要强大的激励和资源配置的优化，也就是说，合理的分享才能激发生产的积极性，因此收入分配制度改革是供给侧结构性改革的核心。

经济社会系统是一个有机体，其主要矛盾是社会再生产四个环节即生产、分配、交换、消费的循环往复运动，主要表现为供给与需求相互支撑、相互制约的矛盾运动，系统内部决定这种运动规律的内在机制就是经济增长的内生动力。收入分配之所以构成经济增长的动力支撑，是因为它通过资源配置与激励效应影响有效供给，又通过分配结果的购买力分布影响有效需求，从而成为供求联动的枢纽。由此可见，从激励与购买力分布的角度来看，平均主义的收入分配和两极分化的收入分配都不是最优的收入分配，因为它们都不能保证持续生产（供给）"更多更好的产品"，不能保证合理共享劳动成果（消费），不能保障有效供给与有效需求之间的良性互动与协调发展。当前较大的收入差距与创新动力的不足已形成基本共识，这说明从激励和公平两个维度来看，当前的收入分配格局是不合理的，收入分配制度改革势在必行。

第三篇

收入分配与中国经济高质量发展：动力支撑

本篇从动力支撑的视角，研究收入分配对资源配置、消费结构与产业结构协调发展、高质量发展以及消费与经济同步增长的影响。结论表明，收入分配作为经济增长的动力支撑，对于中国经济的协调发展、可持续发展与高质量发展具有极其重要的作用。与第二篇的研究相呼应，按劳分配原则能很好地兼顾激励效应与需求效应，是中国经济增长实现动力转型升级的重要制度安排，也是中国实现高质量发展的动力支撑。

第八章　收入分配对消费结构与产业结构协调发展的影响研究

第一节　研究背景与文献

关于消费结构和产业结构的研究已有丰富的文献，其中不少是关于两者相互关系的研究，如林白鹏、张圣平、藏旭恒等（1993）、尹世杰（1993）的研究。消费升级带来的消费结构转换刺激产业结构升级，产业结构升级进一步推动消费结构升级，消费结构与产业结构之间相互支撑、相互推动的循环往复运动形成了经济发展的推动力。产业结构对消费结构的形成具有基础性作用，根据马克思主义生产消费观，生产决定消费的对象和质量，因此，产业结构的优化是消费结构升级的基础。王双和余孝军（2014）研究发现产业结构升级有助于提升城镇居民中高、低收入者的消费结构；吴定玉、姚传飞、侯奔（2007）以湖南省为例，发现第一产业产值的比重与文教娱乐支出的比重负相关，而第三产业产值则恰恰相反；吴菲菲（2014）利用新疆的数据，也得出了类似的结论，这说明产业结构影响消费结构具有普遍性。消费对生产具有反作用，消费结构影响产业结构是一个自然的推论。其机制是，随着经济发展水平的提升，消费者将追求更高层次的消费，从而倒逼产业结构升级（钱智颖，2018）；嵇正龙（2015）运用邓氏灰色关联度矩阵针对江苏省的研究发现，消费结构中文教娱乐消费、医疗保健消费、交通通信消费对产业结构的拉动作用最明显；彭志龙（2007）甚至得出更具体的结论，即提高 1 个百分点的消费率可以使第三产业比重上升 0.26 个百分点。从以上研究可见，消费结构与产业结构是相互影响的，正如王业雯（2016）的研究所指出的（以广东省为例），城镇居民消费结构与产业结构呈双向因果关系，这种双向因果关系的转换升级有利于经济发展水平的提高。

消费结构与产业结构受到广泛关注的原因之一或许是它们与经济增长的密切关系。消费结构的升级推动经济发展依赖大众消费热点的转移（Kiminri，2002），本质上是生产者发现并满足消费需求的过程，或者说是满足与创造消费需求的过程，也就是有效供给与有效需求协调发展的过程。根据第二章对经济增长动力的分析，收入分配是联结有效供给与有效需求的枢纽，是供求联动与匹配的关键节点，也是生产与消费协调发展的支撑（龚志民、张振环，2017）。因此，收入分配是影响消费结构和产业结构协调发展的关键变量。虽然以往直接研究收入分配与两个结构协调发展的文献很少，但我们认为这是值得深入研究的主题。就收入分配对消费结构或产业结构的影响，现有文献提供了一些证据。例如，钞小静、任保平、惠康（2009）认为需求结构取决于收入分配并影响工业化，财富过度集中会滋生对手工艺品和奢侈品的过度需求；汪同三和蔡跃洲（2006）的研究发现，城镇居民收入水平的提高及差距扩大会加大投资结构中重工业的相对比重；所以，推动消费结构升级的突破口就是形成橄榄形的收入结构（靳涛、邵红伟，2016）。直观上，收入分配在同时推动消费结构和产业结构螺旋式上升的过程中促进了两个结构的协调发展，正如黄丽馨（2000）所构建的消费结构与产业结构解释性框架得出的结论，收入水平提高引致的消费结构升级是产业结构转换的一个重要动因，收入分配通过直接和间接的作用递进式地推动两个结构的协调发展，而两极分化的收入分配格局成为抑制消费结构和产业结构协调发展的绊脚石（IMF，2015）。现有文献中收入分配对消费结构与产业结构协调发展影响的研究比较少，也存在一定的技术性困难，这是本章要探讨的问题。

第二节 消费结构与产业结构的内涵与发展现状

一 消费结构和产业结构的内涵

消费结构是在一定的社会经济条件下，各种消费主体所消费的各种不同类型的消费资料之间的数量上的比例关系。本章所提及的消费结构主要指家庭及个人层面，因为个人、家庭消费的情况受到了更多的关注，且最终消费支出中政府支出所占比重较小。一体化改革后住户调查将个人、家庭消费支出分为8类：食品烟酒、衣着、住房、生活用品及服务、交通和通信、教育文化和娱乐、医疗保健、其他用品和服务，这8项指标也是本章消费结构的衡量指标。从人类自身发展的角度看，随着收入水平持续提高，消费结构的转变可以分为三个阶段，第一个阶段是解决温饱问题，消费支出主要用于满足基本生存需求，食品、衣着消费支出占最大比重；第二个阶段是温饱问题解决后对非生活必需品的需求，如耐用消费品，消费者更注重自身发展；第三个阶段更注重精神层面的需求和满足，当收入提高到一定水平，人们的安全、社会交往、自我实现等心理需求更为强烈，对医疗保健、交通和通信、教育文化和娱乐的支出快速增加。不同类别消费数量的变化反映出居民消费结构的转变。

产业结构是经济结构的核心，产业结构调整在经济结构的调整中起着关键性作用。从生产部门角度来说，产业有第一、第二和第三之分，农、林、牧、渔等属于第一产业，采掘业、制造业、建筑业、电力、煤气、供水等属于第二产业，商业、金融、旅游、文教卫生、信息及公共机构部门属于第三产业。本章的产业结构指三大产业在国民收入中所占比重，三大产业比重在数值上的变化反映了我国产业结构的变动方向，第三产业占GDP比重越高，表示产业结构水平越高，第一产业占GDP

比重越高，表示产业结构水平越低。产业结构的变化与我国经济发展的质量是息息相关的，反映了当下国民生产的总量和质量水平。

二　消费结构与产业结构协调发展的内涵

消费结构与产业结构协调发展的直观含义是，结构化的生产能力与消费需求的结构是相匹配的。从动态的角度来说，两个结构的协调发展就是要求产业结构能及时调整以回应消费需求结构的演变。也就是说，消费结构与产业结构的协调是两个系统之间趋于同步发展，在质量上和数量上有效供给与消费需求是高度契合的，产出结构与消费结构基本保持发展一致的状态。

具体来说，消费结构与产业结构的协调发展包括两个方面，其一，两者结构本身的发展是不断优化的，发展轨迹符合经济增长、人类生活水平逐渐提高的客观规律。倘若消费结构和产业结构的水平落后于社会发展，则这种协调是不稳定的，也没有现实意义；其二，两者结构的优化步调应保持匹配和一致，如当消费结构处于解决生存需求阶段时，支出主要满足于吃穿等基本需要，第一产业是供给的主要来源；当消费需求转向非生活必需品和耐用消费品时，以工业为主的第二产业成为供给的重要来源；当收入达到一定水平时，较大比例的消费支出用于安全、社会交往和自我实现等需要，这些主要依靠第三产业尤其是现代服务业提供的服务来满足（周荣蓉，2015）。

三　消费结构发展现状

为了考察我国消费结构的发展现状，我们利用2003~2016年我国人均各类消费支出和人均消费总支出的相关数据（数据源于国家统计局官网），计算出消费各项目支出占总支出的比重。选取食品消费支出、衣着消费支出、交通通信支出、文教娱乐支出、医疗保健支出等指标，构建支出占比演变图（见图8-1）。

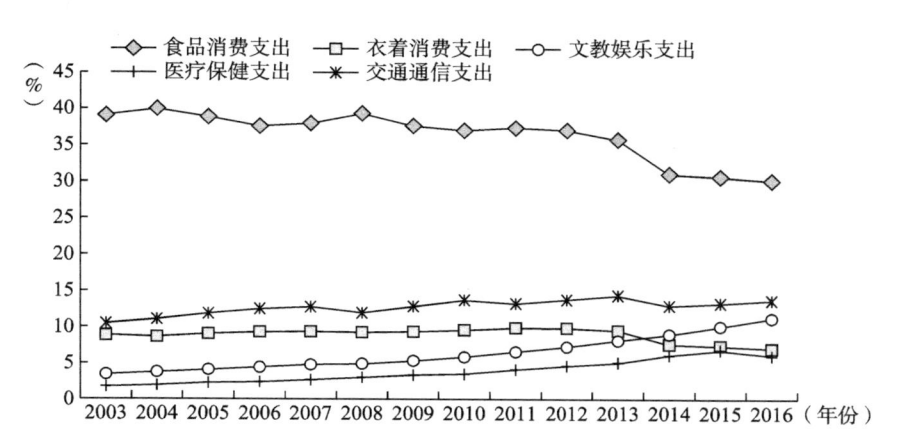

图 8-1 2003~2016 年我国各项支出占比演变

从整体的发展态势来看，生存性消费支出占比不断下降，发展型消费支出占比不断上升，总体结构在不断优化。食品消费支出占比由 2003 年的 39% 降到 2016 年的 30%，衣着消费支出占比由 2003 年的 8.9% 波动下降到 2016 年的 7%。发展型消费保持上升趋势，交通通信支出占比从 2003 年的 10.3% 上升到 2016 年的 13.7%，文教娱乐支出占比由 2003 年的 3.4% 上升到 2016 年的 11.2%，而医疗保健支出占比从 2003 年的 1.7% 上升到 2016 年的 7.6%。但是从各指标的占比分布来看，当前的消费结构仍处于较低水平。根据恩格尔系数，食品消费支出占比在 30% 到 40% 之间时，经济发展仅为小康水平，20% 到 30% 之间为富裕，20% 以下为极度富裕。近年来，中国经济取得快速发展，GDP 一跃攀升为全球第二，但是与恩格尔系数只有 0.16 的美国相比，居民生活总体还不富裕，消费结构仍然处在较低水平。

另外，划分区域选取北京、浙江、上海作为东部地区的代表，湖北、湖南、河南作为中部地区的代表，云南、贵州、西藏为西部地区的代表，计算 2003~2016 年各地区各项消费支出占比并求均值，选取食品消费支出、衣着消费支出、交通通信支出、文教娱乐支出、医疗保健支出作为对比指标。由表 8-1 和图 8-2（根据国家统计局官网提供的数据绘制）可见，地区间存在一定差异，如食品消费支出占比在东部地区最低,西部地区最高,衣着消费支出占比在三个地区间的差异虽不如食品消费支出的差异大,但其变化趋势与食品消费支出在地区间的差异趋同。从交通通信支出、文教娱乐支出、医疗保健支出占比来看,虽然三个地区的支出占比都比较低,差异不是特别突出,但仍然可以发现东部、中部地区的发展型消费支出占比是高于西部地区的。基本事实是,我国东部地区和中部地区的消费结构水平较高。

表8-1 各地区消费结构比较

单位:%

指标	北京	浙江	上海	湖北	河南	湖南	云南	贵州	西藏
食品消费支出	30.4	34.2	34.6	39.3	34.1	38.3	41.1	40.2	48.6
衣着消费支出	8.6	8.1	6.2	9.4	11.2	8.5	8.4	9.1	11.6
交通通信支出	12.3	13.4	11.0	9.2	10.4	10.4	11.7	9.9	9.4
文教娱乐支出	13.5	13.1	13.1	10.8	10.8	12.1	11.3	11.6	6.9
医疗保健支出	7.0	5.4	5.7	6.4	7.4	6.4	5.7	6.0	4.6

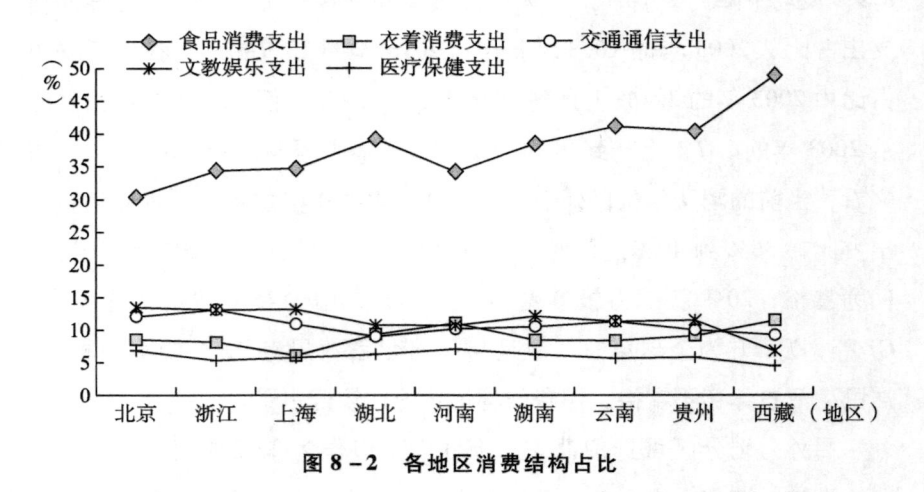

图8-2 各地区消费结构占比

四 产业结构发展现状

为了分析了三大产业结构变动,我们利用三大产业的相关数据及国家统计局2003~2016年三大产业对GDP增长的拉动率、贡献率和GDP增长率等相关数据,构建了表8-2。

第八章 收入分配对消费结构与产业结构协调发展的影响研究

表8-2 全国三大产业发展比较

单位：%

年份	三大产业构成			对GDP增长的拉动率			对GDP增长的贡献率			GDP增长率
	第一产业	第二产业	第三产业	第一产业	第二产业	第三产业	第一产业	第二产业	第三产业	
2003	12.3	45.6	42.0	0.3	5.8	3.9	3.1	57.9	39.0	10.0
2004	12.9	45.9	41.2	0.7	5.2	4.1	7.3	51.8	40.8	10.1
2005	11.6	47.0	41.3	0.6	5.8	5.0	5.2	50.5	44.3	11.4
2006	10.6	47.6	41.8	0.6	6.3	5.8	4.4	49.7	45.9	12.7
2007	10.2	46.9	42.9	0.4	7.1	6.7	2.7	50.1	47.3	14.2
2008	10.2	47.0	42.9	0.5	4.7	4.5	5.2	48.6	46.2	9.7
2009	9.6	46.0	44.4	0.4	4.9	4.1	4.0	52.3	43.7	9.4
2010	9.3	46.5	44.2	0.4	6.1	4.2	3.6	57.4	39.0	10.6
2011	9.2	46.5	44.3	0.4	5.0	4.2	4.1	52.0	43.9	9.6
2012	9.1	45.4	45.5	0.4	3.9	3.5	5.0	50.0	45.0	7.9
2013	8.9	44.2	46.9	0.3	3.8	3.7	4.4	48.5	47.2	7.8
2014	8.7	43.3	48.0	0.3	3.5	3.5	4.6	47.9	47.5	7.3
2015	8.4	41.1	50.5	0.3	2.9	3.7	4.5	42.5	53.0	6.9
2016	8.1	40.1	51.8	0.3	2.6	3.9	4.1	38.2	57.7	6.7

从三大产业的构成看，第一产业占比是逐渐下降的，由2003年的12.3%下降到2016年的8.1%，且长期处于较低的水平。第二产业占比略有下降，由2003年的45.6%下降到2016年的40.1%，其对GDP增长的拉动率经历了先上升后下降的过程，在2010年之前水平较高，其对GDP增长的贡献率发展变化不规律，在2010年之后呈较明显的下降趋势。第三产业在此期间发展较快，其占比由2003年的42.0%增长到2016年的51.8%，在2012年超过第二产业，实现了产业结构占比由2＞3＞1向3＞2＞1格局的转变；拉动率和贡献率也有所提升，拉动率先升后降，贡献率整体上升。总体来说，我国产业结构格局逐年改善，第三产业推动经济增长的作用逐步凸显。

比较而言，我国产业结构的不足仍然是明显的。与美国第一产业

1%的占比相比，我国第一产业发展水平与经济总量世界第二的身份极不协调。从国家统计局数据来看，2017年第一产业就业人数达到就业人口总数的27%，但其对经济增长的贡献仅占4%，严重阻碍了产业结构的发展与升级。长期以来，第二产业是我国经济发展的主导力量，按照库兹涅茨的理论，在工业化中期，第二产业是财富的主要创造者；在工业化后期，第二产业创造的财富比重也开始下降，第三产业成为经济发展的主体。从产业构成来看，我国已经进入工业化发展后期，第二产业的比重仍然偏高，说明我国产业结构的发展与理论和经验不符。从全球的视角来看，我国出口产品目前仍处在价值链的较低端，曾经的人口红利优势形成的"世界工厂"已成为产业结构转型升级的瓶颈，产业升级进退两难。我国初级加工产业规模仍然巨大，从贸易统计来看，鞋、帽、羽毛制品等加工制品的出口额是进口额的15.47倍；另外，很多科技含量高的设备依赖进口，2017年我国光学、医疗器械、精密仪器等高端设备进口额仍然达到出口额的1.31倍，高度依赖国外某些核心技术。第三产业的发展从1978年开始起步，但主要依靠传统服务业带动发展，1992年后新兴产业和高附加值产业开始呈现良好的发展势头，但存在总量偏小、行业结构不合理的问题。第三产业占比过小，并没有实现"投资少、见效快"的目标，投入产出的效率反而低于第二产业，截至2018年，全社会对第三产业的固定资产投资接近60%，而第三产业对经济增长的贡献率仅为51.6%，相比于第二产业37%的固定资产投入和40.5%的经济增长贡献率来说，效率明显偏低。就第三产业的内部结构来说，商业餐饮、交通运输等传统服务业的占比较高，邮电通信、金融保险等基础性服务业以及信息咨询、科研开发、新闻出版、广播电视缺乏竞争力，这与发达国家第三产业中信息、科技、金融等新兴产业构成中坚力量形成了鲜明对照。可能的原因是，我国职业教育为制造业输送人才的能力较弱，技术研发的市场化程度较低，这导致了生产性服务发展较为滞后。

第三节　收入分配影响消费结构和产业结构协调发展的机制分析

一　收入分配对消费结构升级的影响

根据第二章和第四章的分析，收入分配是联结生产与消费的枢纽，是有效供给与有效需求协调发展的支撑，自然也是影响居民消费结构发展的关键因素。收入分配决定不同收入群体的可支配收入及他们的购买能力和意愿，对消费结构发展具有决定性的作用。为了使分析更加明确和具体，也为了与实证分析相对应，本章以劳动收入占比为切入点来分析收入分配对产业结构的影响。事实上，劳动收入占比是收入分配的一个重要特征。我国劳动力总量占总人口的 72%，按劳分配是收入分配制度的主体部分，劳动收入是居民收入的主要来源。借助宏观经济模型中的收入－支出的模型，我们得到

$$W + D + T + R = GDP = C + I + G \tag{8-1}$$

其中，W 表示劳动报酬，D 表示固定资产折旧，T 表示生产税净额，R 表示营业盈余。在社会总收入的构成中，如果固定资产折旧和生产税净额不变，那么当营业盈余增加时，劳动报酬就会减少，以劳动报酬为主要收入来源的居民购买力就会下降，总消费需求就会减少，进而对消费结构升级产生影响。我国劳动收入占比过低也是我国收入差距过大的重要原因。改革开放以来，我国劳动收入占比长期处于较低水平，资本报酬处于较高水平，虽然 1980~2011 年这种趋势有所变化，但并没有从根本上改变"资强劳弱"的局面。这使得普通劳动收入增长缓慢，收入差距没有得到有效控制。

劳动收入占比对消费结构的影响机制从两个方面得以体现，其一是通过提高劳动者可支配收入，较大幅度地提高低收入者的报酬，从而推动消费结构的发展。据统计，近年来我国占人口总数 20% 的低收入群

体的可支配收入份额约为总收入的4%，而占人口总数20%的高收入群体的可支配收入份额超过45%（表8-3分别列出了2013~2017年全国居民收入五等份占比情况，更直观地体现了居民收入之间的差距）。消费总量的提升加上合理的收入分配格局才能够推动消费结构的发展，优化收入分配结构的关键是较大幅度地增加低收入劳动者的可支配收入，而不仅仅是平均意义上的收入增长，增加劳动收入占比是一个重要途径。因此，我们认为，目前改善消费结构的着力点是提升劳动报酬，以此来提升中低收入群体的消费能力。

表8-3 全国居民按收入五等份分组的可支配收入占比

单位：%

年份	低收入（20%）	中等偏下收入（20%）	中等收入（20%）	中等偏上收入（20%）	高收入（20%）
2013	4.33	9.50	15.46	23.98	46.72
2014	4.27	9.79	15.86	24.23	45.85
2015	4.34	9.88	16.04	24.45	45.30
2016	4.23	9.88	16.02	24.49	45.37
2017	4.23	9.76	15.87	24.37	45.80

劳动收入占比对消费结构形成影响的第二个方面是，在劳资分割失衡、贫富差距较大的背景下，提高劳动收入占比有利于形成橄榄形收入分配格局。据马斯洛需求层次理论，低收入者偏好低端的产品，主要以满足衣食住行等基本需求为主，高收入者偏好高端产品，以奢侈品、耐用品等高级产品为主，趋于两极分化的收入分配格局导致两极分化的消费结构。在这样的背景下，提高劳动收入占比是改善收入分配格局、缩小收入差距的有效路径。在市场经济的竞争机制下，个人的收入更取决于自身先天的禀赋和后天的努力程度，如果资源配置效率高，则个人收入与个人能力成正比，在个人能力服从正态分布的前提下[①]，收入分配

[①] 这一假设是合理的。因为个人能力受很多因素的影响，每个因素都不是决定性的，由概率论的中心极限定理可知，个人能力近似服从正态分布。

格局会呈现近似的正态分布，这就是比较理想的橄榄形收入分配结构，中等收入群体所占比重较大。这样的收入分配结构有利于消费结构升级。

二 收入分配对产业结构升级的影响

钱纳里曾提出经济增长与产业结构是相互转化的，收入的增长会引起产业结构的变化，其传导机制是收入增长→需求结构→产业结构。这里，仍然以劳动收入占比为切入点来说明收入分配对产业结构升级的影响。劳动收入占比的提高，对于提高广大居民的消费能力具有比较显著的效果，居民的消费行为间接引导资源的配置，从而对产业结构的发展产生影响。当多数劳动者支付能力较低时，低档消费品的占比较高，可支配收入增加时，特别是大多数劳动者的收入增加时，中高端产品的比重和发展型消费的比重将有较大幅度的提升，从而促进产业结构的升级。

此外，收入分配的激励机制对产业结构产生影响。过去我们依靠劳动力低成本优势发展劳动密集型产业，使我国经济总量在改革开放以来迅速提升。但经济总量和质量的进一步提升已经受到产业结构和资源的严重制约，实现经济增长动力转型和产业结构升级是中国经济进一步发展必须破解的难题，这只有依靠技术进步方能实现。但技术进步不是无中生有，只能源于创造性的劳动或者复杂劳动，劳动需要激励，复杂性劳动（难于监督）尤其需要激励，激励来源于收入分配。所以，人力资本将成为新经济增长的源泉和产业升级的主推力（黄凯南，2015）。简而言之，收入分配的激励作用（如劳动收入占比的提升会对劳动者产生较强的激励）有助于提升供给侧响应消费需求的能力，促进产业结构与消费结构的匹配从而实现产业结构的转型升级。激励的强度取决于生产者在满足消费者需求的过程中得到何种"奖赏"。

三 收入分配对消费结构和产业结构协调发展的影响

类似于第二章的分析，收入分配作为联结供求的枢纽，一方面通过激励效应影响产业结构，同时又通过需求效应影响消费结构。两种效应是相辅相成的，是不能分割的。没有对供给侧的激励效应，需求效应就无法传递到供给侧；没有合理的购买力分布所形成的需求效应，激励便没有标的物。正是收入分配对激励效应和需求效应的兼顾程度，决定了消费结构和产业结构协调发展的程度。最适合的收入分配就是使消费结构与产业结构趋于一致的收入分配。从这个意义上说，坚持按劳分配原则是有利于消费结构和产业结构协调发展的。首先，坚持按劳分配原则是对劳动者最大的激励；其次，根据第七章第三节中的分析，按劳分配原则有助于形成正态分布或橄榄形的收入分配结构，生产与消费相呼应，生产结构与产业结构相匹配。也就是说，合理的收入分配一方面为消费需求提供动力（购买力），另一方面它的分配方式又成为对生产者的"奖赏"，奖励生产者为消费者提供所需要的产品。

消费结构与产业结构的协调发展，也就是两者的发展趋于同步状态。消费结构与产业结构相互支撑、相互推动的循环递进过程就是经济增长动力的表现形式，也决定了经济增长的内容和形式。根据第二章提出的供求联动机制，收入分配是生产与消费的循环往复运动的支撑，在这里，收入分配同样发挥着"铰链"的作用，联系有效供给与有效需求，关联消费结构与产业结构。根据前面的分析，劳动收入占比作为收入分配的一个重要指标，它的提升对劳动者具有较强的激励作用，同时也有利于消费结构的优化，从而有利于消费结构与产业结构的协调发展。

第四节 消费结构与产业结构协调度的测度

本节利用灰色关联度的方法及文启湘和冉净斐（2005）的方法来测度消费结构与产业结构的协调度。首先测算两结构各子系统之间的灰色关联度，然后结合消费结构子系统和产业结构子系统间的相关性，求出某消费结构子系统与产业结构整体的协调度，再求消费结构每个子系

第八章　收入分配对消费结构与产业结构协调发展的影响研究

统对产业结构整体的协调度的平均值，从而得到消费结构整体和产业结构整体的协调程度。

一　灰色关联分析法理论介绍

1. 灰色关联度分析法

关于消费结构和产业结构协调度的测算，已有一些研究。例如，文启湘和冉净斐（2005）建立和谐矩阵对结构协调度的测算，余红心、赵袁军、陈青祝（2019）借用 DEA 效率测算方法对消费结构和产业结构协调度的测算等。这些测算主要针对某个地区或者全国范围的消费结构和产业结构的协调度。我们借鉴文启湘和冉净斐（2005）的方法，利用灰色关联度分析方法和 2003～2016 年中国 31 个省份的相关数据进行结构协调度的测算。灰色关联度分析方法的优势是对数据样本量没有严格的要求，计算思路清晰，且可以在信息不充分的情况下通过已知信息达到预测并了解整个系统的目的。

2. 灰色关联度分析法的步骤

（1）获取研究样本及评价指标。假设有 n 个样本，每个样本有 m 个指标，组成如式（8-2）的矩阵：

$$(X'_1, X'_2, \cdots, X'_n) = \begin{cases} x'_1(1) & x'_2(1) & \cdots & x'_n(1) \\ x'_1(2) & x'_2(2) & \cdots & x'_n(2) \\ \cdots & \cdots & & \cdots \\ x'_1(m) & x'_2(m) & \cdots & x'_n(m) \end{cases} \quad (8-2)$$

（2）确定最优指标集构成的参考样本。参考样本是一个理想的可用于比较的标准样本，可由各指标的最优值（或最劣值）构成。式（8-3）中 X'_0 为参考样本。

$$X'_0 = [x'_0(1), x'_0(2), \cdots, x'_0(m)] \quad (8-3)$$

（3）评价指标的规范化处理。由于评价因子间可能有不同的量纲或等级，需要对指标进行标准化处理，常用的方法有初值法、均值法、逆化、倒数法等，不同的方法适用于不同的情况。无量纲化处理后得到新的数据组，形成新的序列矩阵：

$$(X_1, X_2, \cdots, X_n) = \begin{Bmatrix} x_0(1) & x_1(1) & \cdots & x_n(1) \\ x_0(2) & x_1(2) & \cdots & x_n(2) \\ \cdots & \cdots & & \cdots \\ x_0(m) & x_1(m) & \cdots & x_n(m) \end{Bmatrix} \quad (8-4)$$

（4）绝对值计算及最值确定。逐步计算每个待评价的比较样本和参考样本相对应的评价指标间的绝对差值，即 $|x_0(k) - x_i(k)|, k = 1, 2, \cdots, m; i = 1, 2, \cdots, n$。然后，对所有的绝对值差计算其最大值和最小值：$\min\limits_{i=1}^{n} \min\limits_{k=1}^{n} |x_0(k) - x_i(k)|$ 和 $\max\limits_{i=1}^{n} \max\limits_{k=1}^{m} |x_0(k) - x_i(k)|$。

（5）计算关联系数。分别计算每个比较样本与参考样本对应指标之间的关联系数，如式（8-5）所示：

$$\varepsilon_i(k) = \frac{\min\limits_{i=1}^{n} \min\limits_{k=1}^{m} |x_0(k) - x_i(k)| + \rho \max\limits_{i=1}^{n} \max\limits_{k=1}^{m} |x_0(k) - x_i(k)|}{|x_0(k) - x_i(k)| + \rho \max\limits_{i=1}^{n} \max\limits_{k=1}^{m} |x_0(k) - x_i(k)|} \quad (8-5)$$

其中，ρ 为分辨系数。ρ 值越小，说明关联系数间的差异越大，相关的文献表明（朱莉等，2013），其取值一般为 0.5。

（6）计算关联度。对各个比较样本，分别计算每个评价指标与参考样本对应指标的关联系数的均值，以反映各比较样本与参考样本的关联度。关联度计算公式如下：

$$r_{0i} = \frac{1}{m} \sum_{k=1}^{m} \varepsilon_i(k) \quad (8-6)$$

二 消费结构与产业结构间子系统关联度测算

根据灰色关联度测算步骤，第一步建立消费结构和产业结构具体的指标，形成消费结构和产业结构序列组。

1. 序列组指标的选择

消费结构序列组的指标采用地区人均八大类消费项目指标，形成消费结构子系统。数据源自国家统计局我国 31 个省份 2003~2016 年的相关数据。首先对序列组进行无量纲化处理，考虑到消费是较为稳定的经济活动，故参考初值法，以 2003 年的价格指数为基期剔除价格变动等因素的影响，得出各年份各项消费支出的实际数额，然后分别计算每项消费支出占总消费支出的比重。假设地区人均食品消费支出为 X_1，人均衣着消费支出为 X_2，人均生活用品及服务消费支出为 X_3，人均医疗保健支出为 X_4，人均交通通信支出为 X_5，人均文教娱乐支出为 X_6，人均住房消费支出为 X_7，人均其他消费支出为 X_8。产业结构序列组产业结构的指标用地区人均三大产业 GDP 衡量，分别求支出法下每个产业人均 GDP 占总人均 GDP 的比重，并记为第一产业人均 GDP（Y_1），第二产业人均 GDP（Y_2），第三产业人均 GDP（Y_3）。在两组结构序列中，假设消费结构序列组为原始序列组，产业结构序列组为对比序列组，分别求不同地区的两个结构的子系统之间的关联程度，进而得出两个结构之间的整体协调程度。

2. 求灰色关联度

首先计算消费结构各子系统分别与第一产业的灰色关联度，以食品消费支出与第一产业的关联度为例说明计算的结果。利用食品消费支出在总消费支出中的占比与第一产业的比重，按照灰色关联度的计算步骤，得出食品消费支出与第一产业的关联度（见表 8-4）。

表 8-4 2003~2016 年部分地区食品消费支出与第一产业的关联度

年份	贵州	新疆	广西	甘肃	山东	江西	山西	上海	浙江	天津	北京
2003	0.71	0.82	0.75	0.75	0.67	0.67	0.62	0.54	0.60	0.55	0.60
2004	0.67	0.78	0.72	0.71	0.65	0.64	0.60	0.55	0.59	0.55	0.60
2005	0.67	0.78	0.71	0.69	0.66	0.65	0.60	0.54	0.61	0.55	0.59
2006	0.67	0.76	0.69	0.69	0.67	0.65	0.62	0.53	0.62	0.57	0.59
2007	0.64	0.77	0.69	0.68	0.67	0.63	0.60	0.54	0.60	0.55	0.58
2008	0.61	0.71	0.65	0.65	0.66	0.65	0.58	0.52	0.57	0.55	0.56
2009	0.62	0.75	0.69	0.68	0.67	0.63	0.63	0.54	0.60	0.53	0.58
2010	0.62	0.80	0.69	0.67	0.67	0.61	0.63	0.55	0.60	0.53	0.58

续表

年份	贵州	新疆	广西	甘肃	山东	江西	山西	上海	浙江	天津	北京
2011	0.60	0.74	0.69	0.66	0.66	0.60	0.63	0.53	0.59	0.54	0.58
2012	0.62	0.75	0.69	0.69	0.67	0.61	0.64	0.52	0.58	0.54	0.58
2013	0.67	0.80	0.71	0.69	0.67	0.63	0.69	0.54	0.59	0.54	0.58
2014	0.76	0.84	0.74	0.77	0.72	0.71	0.73	0.61	0.66	0.58	0.68
2015	0.82	0.86	0.76	0.81	0.73	0.70	0.74	0.62	0.66	0.59	0.69
2016	0.84	0.92	0.76	0.82	0.73	0.70	0.78	0.64	0.66	0.60	0.71

因为篇幅的原因，这里没有列出全部地区的食品消费支出与第一产业的灰色关联度，只列出了部分地区的计算结果。按照以上同样的步骤依次计算消费结构子系统与第一、第二、第三产业的灰色关联度。由于我们要计算的是消费结构与产业结构的协调度，因此在所求灰色关联度的基础上还需进行加总。

3. 消费结构与产业结构的协调度

为了计算消费结构和产业结构的协调度，还需要一个重要的指标，即消费各项目分别与每个产业的相关性，用 w_{ij} 表示消费项目 i 与 j 产业的相关性。我们参考文启湘和冉净斐（2005）提出的消费结构与产业结构协调度权重，如表8-5所示。例如，食品消费与第一产业是最直接相关的，农林牧渔等行业提供直接的食品供给，因此权重最大。日常的食品消费具有多种类多形式的特点，第二产业参与加工类食品的制造，第三产业提供更多食品消费服务，因而确定第二、第三产业与食品消费的相关程度分别为30%和10%。

表8-5 消费结构项目与产业结构协调度权重

项目	第一产业	第二产业	第三产业
食品消费	0.60	0.30	0.10
衣着消费	0.30	0.60	0.10
生活用品及服务消费	0.10	0.60	0.30
医疗保健消费	0.05	0.30	0.65

续表

项目	第一产业	第二产业	第三产业
交通通信消费	0.05	0.50	0.45
文教娱乐消费	0.05	0.20	0.75
住房消费	0.10	0.70	0.20
其他消费	0.10	0.55	0.35

因此，消费结构总体与产业结构总体的协调度计算公式为 $\gamma = \frac{1}{8}\sum_{i=1}^{8}\sum_{j=1}^{3}w_{ij}\varepsilon_{ij}$（消费项目 $i=1,\cdots,8$；产业项目 $j=1,2,3$），它等价于消费结构各子系统与产业结构总体协调度的平均值。在 γ 的取值中，我们划定 $0<\gamma\leq0.35$ 为低水平的结构协调，$0.35<\gamma\leq0.65$ 为中等水平的结构协调，$0.65<\gamma\leq0.85$ 为较高水平的结构协调，$0.85<\gamma\leq1$ 为高水平的结构协调。

4. 结构协调度的结果分析

通过以上步骤的计算，我们得出不同地区不同年份消费结构与产业结构之间协调程度的总体情况，结果见本章末附表，2003~2016年各地区的消费结构与产业结构的协调程度差异不是很大，大多数地区的两个结构均处于中等协调水平，少数地区的结构达到较高水平的协调，但仍存在细微的差别，与以往的经验认知不同的是，经济发展水平相对较高的地区的结构协调度反而呈现更弱的趋势。例如，广东、上海、江苏、浙江等地区，其结构协调度的平均水平处于0.6以下，而海南、吉林等地区的平均结构协调程度具有较高水平，西藏、新疆、云南、广西等地区的平均结构协调程度次之。一种可能的解释是，诸如上海等发达地区的消费有较大的比例是外地消费者的贡献，从数据上来说，这是难以甄别的。表8-6列出了部分地区的协调度值。

表8-6 2003~2016年部分地区消费结构和产业结构协调度

年份	广东	上海	浙江	江苏	海南	吉林	广西	西藏	新疆	云南
2003	0.592	0.567	0.599	0.598	0.712	0.642	0.631	0.662	0.646	0.627

续表

年份	广东	上海	浙江	江苏	海南	吉林	广西	西藏	新疆	云南
2004	0.591	0.565	0.597	0.596	0.698	0.653	0.626	0.647	0.632	0.626
2005	0.594	0.565	0.594	0.597	0.678	0.640	0.629	0.654	0.636	0.618
2006	0.593	0.565	0.589	0.594	0.683	0.690	0.630	0.642	0.629	0.627
2007	0.589	0.567	0.583	0.593	0.659	0.649	0.629	0.631	0.632	0.617
2008	0.589	0.573	0.593	0.604	0.674	0.645	0.618	0.627	0.616	0.556
2009	0.590	0.589	0.584	0.590	0.664	0.642	0.629	0.623	0.632	0.619
2010	0.587	0.579	0.583	0.588	0.659	0.640	0.632	0.620	0.633	0.620
2011	0.590	0.582	0.585	0.590	0.658	0.641	0.629	0.619	0.625	0.633
2012	0.592	0.595	0.586	0.593	0.655	0.642	0.634	0.616	0.631	0.632
2013	0.595	0.602	0.589	0.595	0.656	0.651	0.635	0.609	0.637	0.632
2014	0.599	0.629	0.598	0.603	0.693	0.647	0.633	0.629	0.643	0.641
2015	0.602	0.651	0.600	0.608	0.700	0.663	0.644	0.620	0.656	0.643
2016	0.606	0.660	0.603	0.609	0.705	0.625	0.665	0.615	0.665	0.648
均值	0.594	0.592	0.592	0.597	0.678	0.648	0.633	0.630	0.637	0.624

注：表格中的数据是课题组测算的结果。

第五节　收入分配影响消费结构与产业结构协调发展的实证分析

我们以消费结构与产业结构的协调度来刻画两者的协调性发展水平，探寻收入分配影响消费结构与产业结构协调发展的经验证据。但收入分配变量只能用分配结果来描述，收入分配的结果作为分布函数无法直接纳入计量模型，因此在实证研究中我们一般用收入分布函数的一些重要特征来刻画收入分配。劳动收入占比就是收入分配的一个关键特征，一方面，它体现了收入分配对劳动者激励的强度，另一方面，它又对购买力分布产生影响从而对需求结构产生重要影响，它体现了收入分配联结生产与消费、关联消费结构与产业结构的基本特征。因此，用劳动收入占比作为收入分配的代理变量是合适的。

一 劳动收入占比、消费结构与产业结构协调度的描述分析

从消费结构和产业结构协调度的计算结果来看，大多数地区的结构协调性发展是趋于改善的，如北京、广东、甘肃、黑龙江等；也有一些地区的结构协调度上下波动，没有明显的上升迹象，如海南、湖南、内蒙古等。从平均协调度的分布看，结构协调度本身并没有展现明显的规律。但结合劳动收入占比的情况，综合结构协调程度较高和较低的地区，可以看出，2003~2016年我国劳动收入占比与结构协调度存在正向关系。表8-7列出了具有代表性的地区不同年份的劳动收入占比和结构协调度（平均值），并制作散点图，如图8-3所示。

表8-7 2003~2016年不同地区的平均劳动收入占比和结构协调度（平均值）水平比较

地区	结构协调度	平均劳动收入占比
北京	0.664	0.510
贵州	0.657	0.479
新疆	0.637	0.466
广西	0.633	0.551
西藏	0.63	0.715
甘肃	0.629	0.469
山东	0.610	0.397
江苏	0.597	0.427
山西	0.594	0.400
上海	0.592	0.400
浙江	0.592	0.431
天津	0.571	0.373

通过表8-7和图8-3，我们初步断定劳动收入占比是影响消费结构和产业结构协调发展的一个重要的因素，接着将对劳动收入占比和两者结构协调度做进一步的实证分析。

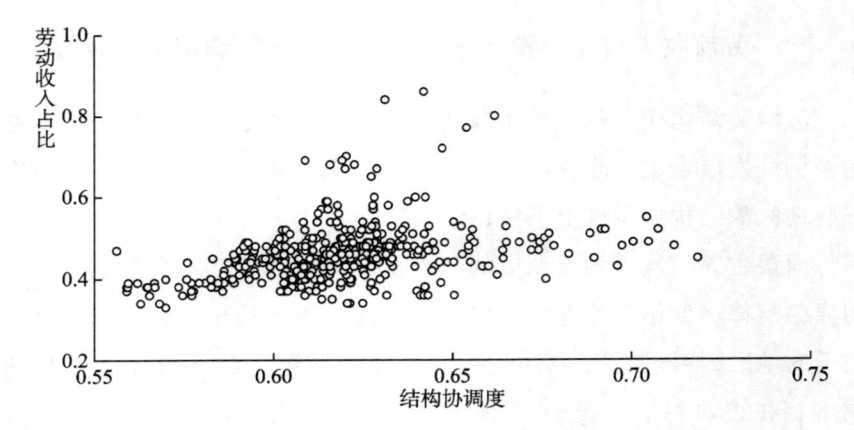

图 8-3　各地区劳动收入占比与结构协调度散点图

二　面板实证模型

1. 面板模型的构建

本节考察劳动收入占比对消费结构与产业结构协调发展的影响。所用数据是我国 31 个省份的省际面板数据，数据来源于国家统计局官网。回归分析中的被解释变量是消费结构与产业结构协调发展水平，用上文所计算的不同地区消费结构与产业结构的协调度（$Hexie$）表示，劳动收入占比（Lr）是主要的解释变量，其他控制变量（Cv）包括经济发展水平（Gdp_l）、市场开放程度（In_output）、国外投资（For_invest）、政策因素（$Edusci$）、交通条件（$Trans$）等。基于技术上的考虑，我们对所有变量取对数，模型构建如下：

$$LHexie = b_0 + b_1 LLr_{it} + b_2 LCv_{it} + j_t + e_{it} \qquad (8-7)$$

其中，i 代表地区变量，t 代表不同的年份，b_0 为模型中的常数项，j_t 为不同地区之间的个体异质性，e_{it} 为随机扰动项，Cv 表示其他控制变量。

2. 变量的选取与说明

消费结构与产业结构的协调度（$Hexie$），由上文测算得到。劳动收入占比（Lr），是本节的主要解释变量，作为体现收入分配特征的重要指标，是劳动收入占支出法下国民收入的比重。经济发展水平（Gdp_1），用各地区的人均实际生产总值作为代理变量。具体计算方法是，以2003年为基期剔除价格变动的影响。市场开放程度（In_output），用经营单位所在地货物进出口的增长指数来衡量，数据来源于《中国统计年鉴》，同样以2003年为基期剔除价格变动的影响。国外投资（For_invest），代表国外对该地区的投资情况，数值为外商投资总额与地区生产总值的比值，比值越高说明该地区产业发展对外资的依赖越大。外国的经济组织和个体对本地区的企业进行投资，对其产业结构的发展具有直接或间接的影响，能够改变其产业结构发展的格局。李雯青和孙嘉京（2014）利用中国省际面板数据所做的研究发现，外商投资有助于提升第三产业的比重并推动产业结构优化升级，因此，外商投资对两个结构的协调必然存在着紧密的联系。政策因素（$Edusci$），采用地方财政对科技和教育的支出作为其代理变量。交通条件（$Trans$），用地区铁路和公路里程的总和来刻画，以2003年为基期计算出每年的增长指数而不是直接采用其里程度量。这是因为地区之间面积差异大，存在较大的个体差异性，用数据期内的交通条件变化情况来分析更符合我们的研究目的。表8-8是这些变量的描述性统计。

表8-8 变量描述性统计

变量	定义	观测值	均值	标准差	最小值	最大值
$Hexie$	结构协调度	434	0.619	0.026	0.556	0.718
Lr	劳动收入占比	434	0.460	0.070	0.330	0.860
Gdp_1	经济发展水平	434	1.111	0.078	0.760	1.580
For_invest	国外投资	434	0.399	0.512	0.048	5.852
In_output	市场开放程度	434	1.111	0.226	0.400	2.410
$Edusci$	政策因素	434	0.999	0.191	0.537	1.805
$Trans$	交通条件	434	1.081	0.220	0.832	2.875

3. 计量模型分析

首先对所有的解释变量和被解释变量取对数，如 $LHexie = \text{Log}(Hexie)$，这里 Log 表示自然对数。为了避免伪回归，需要对各变量的平稳性进行检验，考察其是否存在单位根。运用 Stata 计量分析软件，使用 HT 检验法，对各变量进行平稳性检验，结果见表 8-9。

表 8-9 单位根检验结果

变量	统计值	z	P 值
$LHexie$	0.6223	-4.8300	0.0000
LLr	0.6299	-4.6225	0.0000
$LGdp\_1$	-0.0706	-23.6612	0.0000
$LFor\_invest$	0.6592	-3.8276	0.0001
LIn_output	0.0453	-20.5111	0.0000
$LEdusci$	-0.1355	-25.4251	0.0000
$LTrans$	-0.0191	-22.2602	0.0000

结果显示，P 值均小于 0.05，拒绝存在单位根的原假设，表明解释变量和被解释变量（取对数后）均没有单位根，表明后续的实证结果是可信的。考虑到变量之间的空间经济关系，固定效应模型比随机效应模型更为稳妥。回归结果如表 8-10 所示。

表 8-10 全样本回归结果

变量	(1)	(2)	(3)	(4)
劳动收入占比	0.1030*** (0.0140)	0.1150*** (0.0240)	0.1130*** (0.0265)	0.0928*** (0.0264)
经济发展水平	0.0565 (0.0377)	0.0750*** (0.0288)	0.0769** (0.0290)	0.0958** (0.0392)
国外投资	-0.00621** (0.00288)	0.00356 (0.00330)	0.00631 (0.00449)	0.00451 (0.00530)
市场开放程度	-0.0236** (0.0110)	-0.0222*** (0.00803)	-0.0222*** (0.00804)	-0.0254*** (0.00829)
政策因素	-0.0181 (0.0120)	-0.0299*** (0.0104)	-0.0322*** (0.0108)	-0.0365*** (0.0105)
交通条件	0.00301 (0.00899)	0.00597* (0.00355)	0.00546 (0.00372)	0.00767 (0.00471)

续表

变量	(1)	(2)	(3)	(4)
政策因素的平方	0.0696* (0.0374)	0.0722*** (0.0200)	0.0728*** (0.0203)	0.0892*** (0.0240)
系数	-0.415*** (0.0133)	-0.395*** (0.0179)	-0.392*** (0.0189)	-0.414*** (0.0193)
N	434	434	434	403

注：***表示在1%的置信水平上显著，**表示在5%的置信水平上显著，*表示在10%的置信水平上显著。

表8-10（1）是模型混合回归的结果，然后用随机效应模型和固定效应模型进行回归，考虑到异方差的因素，固定效应采用异方差稳健性回归，结果如（2）、（3）所列，结果表明劳动收入占比对消费结构和产业结构的协调发展有显著的正向影响。从回归的结果来看，劳动收入占比提高1个百分点能够推动消费结构和产业结构协调度提升0.113个百分点。分析其他控制变量与被解释变量的关系，结果均符合预期。经济发展水平、国外投资、交通条件的改善与消费结构和产业结构的协调度是正相关的。政策因素（用地方财政对科技和教育的支出来测度）对于结构协调性的影响是负向的，结构似乎出乎意料，但通过在模型中加入政策因素的平方项后发现其与结构协调性的相关关系呈U形分布，说明政府对科技和教育的支出短期内对结构协调度的影响是负向的，因为政府支出加大对科技和教育的投入会缩减其他支出的份额，如社会保障支出、基础设施建设支出、医疗卫生支出等，或者政府需要增加税收来维持财政多方面的职能，从而导致结构协调性短期内受到负面影响。市场开放程度对当地的结构协调发展的影响也是负向的，可能的原因是，对于开放的市场，生产与消费也是开放的，并没有局限在当地，在局部并非对应的。

考虑到内生性问题存在的可能性，选择劳动收入占比的滞后一期作为模型的工具变量进行回归分析，表8-10中的（4）是加入工具变量后进行固定效应回归的结果，劳动收入占比与被解释变量的正向关系依然保持，结果表明劳动收入占比对消费结构和产业结构的协调度发展具有正向的推动作用，这一结果进一步佐证了前面的理论分析。

4. 稳定性检验

考虑到我国经济发展的区域性特征，将我国划分为东、中、西部三个地区进一步分析。仍然采用模型（8-8），回归结果如表8-11所示，（1）、（3）、（5）代表东、中、西部地区的随机效应模型回归结果，（2）、（4）、（6）代表东、中、西部地区固定效应模型回归结果。

表8-11 东、中、西部地区的模型回归结果

变量	（1）	（2）	（3）	（4）	（5）	（6）
劳动收入占比	0.1100*** (0.0104)	0.0910** (0.003)	0.0756* (0.0305)	0.1200** (0.0112)	0.0450** (0.0170)	0.1100*** (0.0200)
国外投资	0.0128* (0.0275)	0.0149* (0.022)	-0.0080 (0.0120)	0.0010 (0.0210)	-0.0110** (0.0027)	0.0030 (0.059)
经济发展水平	0.0600 (0.0282)	0.0631* (0.031)	0.0790 (0.0030)	0.1200* (0.0409)	0.0480 (0.0390)	0.0844** (0.0210)
市场开放程度	-0.0300** (0.0027)	-0.0300 (0.0390)	-0.0540** (0.0216)	-0.0380** (0.0210)	-0.0168* (0.0269)	-0.0171* (0.0301)
政策因素	-0.0500** (0.0034)	-0.0600*** (0.0027)	-0.0060 (0.0289)	-0.0210 (0.0298)	-0.0020 (0.0200)	-0.0200 (0.0299)
交通条件	-0.0020 (0.0257)	-0.0020 (0.0266)	0.0200 (0.0377)	0.0150 (0.0302)	0.0040 (0.0311)	0.0030 (0.0400)
政策因素的平方	0.0604* (0.0037)	0.0620 (0.0199)	0.1390 (0.0283)	0.1320* (0.0239)	0.0130 (0.0179)	0.0610 (0.0501)
系数	-0.4000*** (0.0107)	-0.4200*** (0.0102)	-0.4400*** (0.0179)	-0.3900*** (0.0098)	-0.4700*** (0.0067)	-0.4000*** (0.0077)
N	154	154	112	112	168	168

与前面没有划分地区的情形一样，我们认为固定效应模型的结果更为稳妥。事实上，从随机效应和固定效应的回归结果来看，固定效应模型的结果显著性更强，各地区（东、中、西部）的劳动收入占比对消费结构和产业结构的协调度仍然有显著的正向影响，其中东部地区的劳动收入占比提高1个百分点能促进产业结构协调度增长 0.0910 个百分点，而中、西部地区这种影响更强，分别达到 0.1200 个和 0.1100 个百

分点，这说明在经济发展水平较弱的中、西部地区，消费结构和产业结构的协调性发展具有较大的上升空间，劳动收入占比的提升对于推动地区消费结构和产业结构的协调发展的作用也更加显著。

第六节 结论

根据第二章提出的供求联动机制，通过收入分配的联结，有效供给与有效需求之间相互支撑、相互制约、相互推动的循环往复运动构成了经济增长的动力。收入分配作为动力的支撑，它对生产的激励作用和对总需求的决定性作用决定了供求协调发展的水平。如果说生产与消费的循环往复运动是经济增长的动力，那么产业结构与消费结构的协调发展和相互推动便构成了经济增长动力的骨架，收入分配就是动力骨架的支撑。本章的实证结果为这一论断提供了支持。

附表　不同地区的结构协调度

地区	2003年	2004年	2005年	2006年	2007年	2008年	2009年	2010年	2011年	2012年	2013年	2014年	2015年	2016年	均值
安徽	0.639	0.672	0.623	0.629	0.623	0.629	0.614	0.611	0.607	0.609	0.576	0.613	0.612	0.613	0.619
北京	0.621	0.610	0.643	0.650	0.653	0.655	0.672	0.669	0.674	0.676	0.677	0.692	0.704	0.708	0.664
福建	0.603	0.600	0.607	0.614	0.608	0.621	0.614	0.600	0.608	0.601	0.603	0.602	0.602	0.603	0.606
甘肃	0.626	0.620	0.628	0.623	0.619	0.619	0.625	0.617	0.620	0.625	0.626	0.631	0.655	0.664	0.629
广东	0.592	0.591	0.594	0.593	0.589	0.589	0.590	0.587	0.590	0.592	0.595	0.599	0.602	0.606	0.594
广西	0.631	0.626	0.629	0.630	0.629	0.618	0.629	0.632	0.629	0.634	0.635	0.633	0.644	0.665	0.633
贵州	0.629	0.632	0.629	0.634	0.635	0.633	0.644	0.665	0.712	0.698	0.678	0.683	0.659	0.674	0.657
海南	0.712	0.698	0.678	0.683	0.659	0.674	0.664	0.659	0.658	0.655	0.656	0.693	0.700	0.705	0.678
河北	0.618	0.616	0.619	0.621	0.620	0.616	0.620	0.621	0.620	0.621	0.623	0.627	0.629	0.628	0.621
河南	0.621	0.621	0.623	0.625	0.621	0.622	0.623	0.625	0.624	0.626	0.625	0.627	0.628	0.622	0.624
黑龙江	0.599	0.589	0.622	0.622	0.622	0.620	0.627	0.621	0.621	0.632	0.642	0.676	0.696	0.718	0.636
湖北	0.610	0.614	0.628	0.623	0.640	0.633	0.624	0.619	0.622	0.620	0.626	0.637	0.642	0.623	0.627
湖南	0.637	0.637	0.639	0.635	0.633	0.636	0.625	0.620	0.618	0.618	0.619	0.619	0.622	0.627	0.628
吉林	0.642	0.653	0.640	0.690	0.649	0.645	0.642	0.640	0.641	0.642	0.651	0.647	0.663	0.625	0.648
江苏	0.598	0.596	0.597	0.594	0.593	0.604	0.590	0.588	0.590	0.593	0.595	0.603	0.608	0.609	0.597
江西	0.627	0.619	0.616	0.611	0.606	0.606	0.607	0.603	0.604	0.606	0.608	0.581	0.612	0.613	0.608
辽宁	0.612	0.611	0.612	0.612	0.609	0.655	0.605	0.601	0.600	0.601	0.605	0.611	0.620	0.644	0.614
内蒙古	0.645	0.631	0.630	0.628	0.625	0.643	0.606	0.606	0.604	0.605	0.608	0.615	0.615	0.618	0.620

续表

地区	2003年	2004年	2005年	2006年	2007年	2008年	2009年	2010年	2011年	2012年	2013年	2014年	2015年	2016年	均值
宁夏	0.616	0.612	0.620	0.619	0.615	0.629	0.609	0.608	0.603	0.603	0.611	0.611	0.618	0.622	0.614
青海	0.615	0.613	0.615	0.613	0.609	0.603	0.605	0.603	0.599	0.603	0.612	0.615	0.615	0.617	0.610
山东	0.614	0.612	0.613	0.612	0.609	0.608	0.608	0.605	0.603	0.603	0.605	0.614	0.616	0.614	0.610
山西	0.603	0.602	0.578	0.586	0.577	0.577	0.590	0.586	0.586	0.586	0.592	0.600	0.620	0.632	0.594
陕西	0.619	0.616	0.610	0.612	0.611	0.633	0.608	0.608	0.610	0.609	0.609	0.616	0.616	0.616	0.614
上海	0.567	0.565	0.565	0.565	0.567	0.573	0.589	0.579	0.582	0.595	0.602	0.629	0.651	0.660	0.592
四川	0.630	0.625	0.627	0.629	0.627	0.625	0.616	0.607	0.606	0.607	0.610	0.614	0.621	0.630	0.620
天津	0.577	0.575	0.570	0.568	0.563	0.604	0.559	0.559	0.559	0.559	0.562	0.570	0.576	0.589	0.571
西藏	0.662	0.647	0.654	0.642	0.631	0.627	0.623	0.620	0.619	0.616	0.609	0.629	0.620	0.615	0.630
新疆	0.646	0.632	0.636	0.629	0.632	0.616	0.632	0.633	0.625	0.631	0.637	0.643	0.656	0.665	0.637
云南	0.627	0.626	0.618	0.627	0.617	0.556	0.619	0.620	0.633	0.632	0.632	0.641	0.643	0.648	0.624
浙江	0.599	0.597	0.594	0.589	0.583	0.593	0.584	0.583	0.585	0.586	0.589	0.598	0.600	0.603	0.592
重庆	0.639	0.635	0.642	0.633	0.636	0.688	0.602	0.595	0.592	0.593	0.597	0.605	0.608	0.610	0.620

第九章 收入分配与高质量发展

第一节 高质量发展的内涵

2017年习近平在中国共产党第十九次全国代表大会上指出,中国经济已经由高速增长阶段转向高质量发展阶段。如何实现高质量发展,是中国全面建成小康社会的重大课题。从中国经济的发展现状和发展战略的背景来看,中国目前的高质量发展体现在三个方面:其一,从发展目标来看,是从整体小康到全面小康的转变,也就是从"解决温饱问题"到"追求更美好生活"的转变;其二,从发展方式来看,是从粗放型发展到集约式发展的转变,即从要素规模扩张到创新驱动的转变;其三,从实现途径的角度来看,就是以供给侧结构性改革为主线,促进经济发展质量变革、效率变革、动力变革以及提升全要素生产率。

早期的文献如卡马耶夫(1983)、沈坤荣(1998)等把经济效率视为经济增长质量,并且在实证研究中往往用全要素生产率(TFP)来测度。孙智君(2013)认为国民经济的增长关系体现于两方面的内涵:一是生产资源和产品数量扩张的经济增长速度,二是产品优化和经济效率提高的经济增长质量。王积业(2000)认为经济增长既是数量扩张的过程,也是质量提高的过程,是数量与质量的统一。或者说"是生产要素积累和资源利用的改进或要素生产率增加的结果"。而资源利用的改进或要素生产率增加,指的是资本和劳动力的更加有效的使用和科学技术在生产中的应用,它们构成了经济增长质量的重要源泉。很多实证研究把经济效率默认为经济增长质量，如刘文革、周文召、仲深等（2014）、何强（2014）在经济增长质量的研究中就是用 TFP 表征经济增长质量。世界银行、OECD 等国际机构在经济研究中也经常把全要素生产率的变动作为考察经济增长质量的重要内容（郑玉歆，2007）。尽管有一些文献把经济增长质量与效率等同，但用经济效率或全要素生产率度量经济增长质量并未形成共识，如郑玉歆（2007）认为用 TFP 分析经济增长质量存在比较明显的缺陷：TFP 难以全面反映经济要素的经济成果，不能全面反映资源配置的状况，不能准确评估投资质量和积累的有效性。所以，用 TFP 测度经济增长质量并非总是恰当的。实际上，由 TFP 的计算方法可知，TFP 的测算是基于产出的，但产出的测度没有考虑环境的代价和资源的浪费情况。如果经济增长质量的内涵从狭义和广义来区分，则用 TFP 测度体现的是狭义的经济增长质量观（钞小静、惠康，2009）。

早在 20 年前国内学者对于经济增长质量问题就已有较多的关注和比较深入的探讨，从梁亚民（2002）的综述中可以发现，尽管涉及质量测度问题时把经济效率等同于增长质量是一个可行的选择，但早期的研究有很多是从多个维度来分析经济质量，也就是从广义上理解经济增长质量（钞小静、惠康，2009）。钞小静和任保平认为经济增长质量是指经济增长内在的性质与规律，具体包括经济增长的结构、经济增长的稳定性、福利变化与成果分配以及资源利用和生态环境代价四个维度。近期研究中，任保平（任保平，2012；任保平、钞小静，2012；任保平、魏语谦，2016）等人的研究是具有代表性的，他们认为经济增长质量是相对于增长数量而言的概念，更加关注增长的条件、过程和结果，涵盖了社会经济发展中多方面的内容。或者说，经济增长质量是数量型经济增长到一定阶段的情况下，经济增长的效率提高、结构优化、稳定性提高、福利分配改善、创新能力提高的结果。因此，高质量发展以总量为基准但又不仅仅关注经济总量，还包含对经济的效率、结构、稳定性和持续性等角度的多维衡量，是量与质相协调下的演进发展（任保平、李禹墨，2018）。从经济增长过程和经济增长结果两个层面认识经济增长质量或许更有说服力（魏婕、任保平，2012），前者（过程）包含经济增长的效率、经济增长的结构以及经济增长的稳定性，而后者（结果）包含居民福利水平的变化和分配状况、生态环境的代价以及国民经济的基本状况。刘树成（2007）也提出过类似的观点，他从中国经济增长的历史演进中，梳理出"多快好省""又快又好"到"又好又快"的内在逻辑，认为提高经济增长质量是指不断提高经济增长态势的稳定性，不断提高经济增长方式的可持续性，不断提高经济增长结构的协调性，不断提高经济增长效益的和谐性。不难看出，按广义的理解，经济增长质量的测度是比较困难的问题，涉及价值观的判断和技术上的困难。统计学中的主成分分析法有时用来测度多维视角下的经济增长质量（龚志民、张月朗，2013），随洪光（2013）在考察外商直接投资是否有助于提升经济增长质量的研究中也用主成分分析法将综合质量指标、效率、稳定性整合成经济增长质量指标[①]。毛其淋（2012）从经济增长的协调性、有效性、持续性、稳定性和分享性共5个评价维度对经济增长质量的内涵进行界定，技术上也用到了主成分分析法。

叶初升和李慧（2014，2015）对基于广义经济增长质量的研究提出了质疑，他们认为在这些研究中经济增长的内涵是比较模糊的，并且将经济结构、经济发展水平以及由此决定的福利水平同时纳入经济增长质量指数中，混淆了原因和结果、手段和目标。并且，他们（叶初升、李慧，2014）从发展理念出发将经济增长质量界定为经济增长过程中所蕴含的发展质变即可行能力的提升，即经济增长质量是蕴含于经济增长过程之中，并由经济增长带来的可行能力的提升。他们还利用结构方程模型和全国样本数据测算了经济增长质量指标。实际上，叶初升和李慧（2015）对狭义的经济增长质量研究也提出了批评。在他们看来，从经济效率的视角考察经济增长质量，在本质上仍然是经济增长的量变问题，

[①] 我们认为，尽管用主成分分析法测度经济增长质量有一定的合理性，但的确缺少理论依据。见王学民（2007）。

因为它将经济结构、创新等多种因素置于一个"黑箱"内①。

按照阿马蒂亚·森的观点，生活质量的提高是人的终极价值，也是经济发展和政府政策的根本目标。所以在经济发展到一定水平之后更加关注经济增长质量是必然的。但我们认为，经济增长质量要测度的不是生活质量，而是获取这种生活质量的经济过程的效率，也就是获取可行能力的经济过程的效率。过程与结果往往难以分割，孤立地对经济增长的结果进行评价仅仅是生活质量而不是经济增长的质量。所以，叶初升和李慧（2014）的测算似乎偏离了经济增长的内涵，更接近生活质量的内涵。如果获得结果的方式不可持续或成本巨大，我们也不能认为它是高质量发展。所以，把过程和结果结合起来考察是经济增长质量研究的合理方法，甚至是必要的方法。的确，把过程指标与结果指标整合在一起存在缺陷，如权重的确定带有主观性，但仅包含结果指标的整合同样不可避免主观判断（不同类的结果的比较）。这或许是经济增长质量测度或技术进步研究中 TFP 受到青睐的原因，但是，即使表面上比较客观的评价方法如 TFP 也有价值判断包含其中。例如，如果要核算经济产出的环境成本（绿色 GDP），就必然涉及主观认识和标准。

综合以上分析，考察经济增长质量的主要维度是经济效率、经济结构、可持续性发展、成果分享合理性、创新能力、生态环境等。但要把各个方面的指标整合成一个指标，是很困难的事情，关键问题是，价值观的分歧使得指标设计难以取得共识，目前使用的主成分分析法、因子分析法用于经济增长质量评价并没有理论上的说服力。

第二节 经济增长质量影响因素

在杨君、褚桂楠、肖明月（2016）的综述中，基于现有文献的分

---

① TFP 的计算可能不准确，但 TFP 的计算逻辑是，从经济增长中剔除掉纯资本与纯劳动力的贡献，剩下的自然是资源与劳动力合理利用以及技术进步的贡献。它显然是一个综合指标，用它测度质量是有依据的，我们不认为它本质上仍然是量变指标。

析归纳了经济增长质量的影响因素，主要包括经济结构、技术进步、福利分配、资源环境和产品质量等。相对于国内学者的研究，国外学者很少有人将经济增长与经济增长质量进行绝对的区分（田成诗、陆卓玉，2015），这或许是因为高质量发展以总量为基准但又不仅仅关注经济总量，是量与质相协调下的演进发展（任保平、李禹墨，2018）。所以，国外有关经济增长质量的研究未必有"质量"的标签，而是融合在经济增长问题的研究中。质和量是难以分割的。

技术进步对经济增长质量的影响已形成广泛共识。索洛的早期研究利用生产函数对经济增长的影响因素进行分解，分别估计资本、劳动和技术进步对经济增长的贡献程度，他断言美国经济增长有87.5%归因于技术进步。Segerstorm（1991）对两类公司进行比较，一类是努力提升产品质量的公司，另一类是复制其他公司产品的公司，结果显示创新对经济增长起到明显的促进作用。但是，只有当创新影响的强度超过临界值时才会显示出强化福利的作用。任保平和王蓉（2013）认为经济增长质量的现实性价值判断以功利主义为核心，以实现经济高效增长为目标，而技术进步可以改变生产要素的组合，提高产出效率，从而提升经济增长质量，因为产出效率是增长效率的直接反映。刘伟和蔡志洲（2008）的中国经验研究表明，技术进步对降低国民经济中间消耗的水平和改善经济增长效率做出了贡献。

经济结构对经济增长质量的影响是第二个基本的共识。吕铁和周叔莲（1999）认为生产率提高的机制主要是产业结构转换、科学技术进步和内生经济增长。钞小静和任保平（2011）的研究表明，中国1978～2007年的经济增长结构与经济增长质量之间存在显著的正向关系。产业结构变动对生产率的影响可以从两个方面来进行考察：一是高度化效应，二是合理化效应。前者是指资源从生产率较低的部门流向生产率较高的部门从而提升总生产率，后者是指由于资源在部门之间的流动降低了经济的非均衡程度，改善了部门之间的联系状况从而提升总生产率。何强（2014）的经验研究也表明，在中国经济增长质量面临显著的内在约束的情形下，经济结构转型对于缓解经济增长约束与稳定经济增长幅度均有重要作用，从而有助于经济增长质量的提升。反过来看，经济结构的失衡对于中国经济增长质量的提升和经济发展方式的转变产生了明显的制约作用（刘燕妮等，2014）。

福利分配状况是经济增长质量的一部分，不能共享成果的发展不可能是高质量发展。福利分配的基础是收入分配，收入分配通过激励效应和需求效应对经济增长产生影响（龚志民等，2018）。收入分配影响经济增长质量的研究比较少，并且大多是讨论收入差距的影响。钞小静和任保平（2014）阐述了城乡收入差距影响经济增长质量的机制，并利用计量分析方法得出结论：城乡收入差距过大，会影响经济增长的基础条件、运行过程及最终结果，从而制约经济增长质量的提升。钞小静和沈坤荣（2014）的基于面板数据的分析发现，中国城乡收入差距与经济增长之间存在非常明显的负相关关系，并且，城乡收入差距过大导致农村居民无法进行人力资本投资，从而制约劳动力质量的提高进而影响经济增长质量。

生态环境是经济增长质量的一部分，也成为经济增长的重要约束。环境的恶化降低了居民的福利水平，削弱了经济增长质量。生态环境的承载能力是有限的，必须依靠技术进步和经济增长方式的转变来提高经济增长的可持续性和经济增长质量（毛其淋，2012）。

产品质量是经济质量的重要组成部分，对产品的质量要求随着经济的发展而提高。程虹和李丹丹（2014）对经济增长质量的定义基于产品质量：一国所生产的产品和服务品质的总和在增长的可持续性、结构的优化、投入产出效率、达到更高标准、社会福利提升等方面满足社会需求的程度。

从广义的视角理解经济增长质量，以上因素本身就是经济增长质量的一部分，它们构成经济增长的影响因素是自然的。但大多数相关研究侧重于分析它们作为过程对经济增长质量的影响机制。经济增长质量的影响因素的辨析固然重要，但在它们已经成为基本共识的情况下更重要的问题是这些因素更基础的决定力量是什么，技术进步、经济结构、产品质量等都是内生变量,它们的源头才是最重要的。也就是说,我们关心的问题是,最关键的因素是什么,我们认为是收入分配。

第三节 收入分配影响高质量发展的理论分析

一 机制分析

根据前面的分析,考察经济增长质量的主要维度是经济效率、经济结构、可持续性发展、成果分享合理性、创新能力、生态环境等,但背后起关键作用的是收入分配。根据第二章对经济增长动力的分析,生产与消费相互制约、相互支撑、相互推动的循环往复运动构成经济增长的动力,收入分配作为联结生产与消费的枢纽,构成经济增长动力的支撑。一方面,收入分配通过激励机制影响有效供给,另一方面,又通过需求效应影响消费需求,从而对生产与消费的协调发展和生产结构与消费结构的匹配与升级起到关键作用。第八章对此已有深入的分析,这里不再重复。任何特定的消费内容都将达到饱和,但需求是无限的,在资源的约束下满足人类不断增长的需求只能依靠技术进步来实现。技术进步不会凭空而来,需要依靠创造性劳动方能实现,收入分配的激励作用是不可或缺的,所以,收入分配对于经济效率、创新能力的作用具有不可替代的作用。第六章对此已有详细的论证,在此不再赘述。

二 数理分析

研究收入分配对经济增长影响的模型大多数是基于需求侧视角的,而将收入分配纳入模型来研究供给侧的相对较少,或者并不令人满意,本节通过将收入分配合理性加入模型中,来考察收入分配对经济增长供给侧方面的影响。

本节使用由保罗·罗默、格鲁斯曼和赫普曼等建立的 R&D 增长模型的简化形式并进行了拓展,用来研究收入分配合理性对经济发展的影响。

1. 原始模型

生产部门：

$$Y(t) = [(1-a_K)K(t)]^{\alpha}[A(t)(1-a_L)L(t)]^{1-\alpha}, 0 < a < 1$$

研究部门新知识的生产：

$$\dot{A}(t) = B[a_K K(t)]^{\beta}[a_L L(t)]^{\gamma} A(t)^{\theta}$$

其中，$B>0$，$\beta \geq 0$，$\gamma \geq 0$。

我们认为，因为收入分配的刺激作用，实际工作的工人所投入的工作量（或生产积极性）与收入分配相关，无论是在生产部门还是在研发部门，收入分配越合理，工人的生产积极性越高。

本节将原始模型中的劳动要素进行拓展，即 $L(t) = h(t)\widetilde{L(t)}$，表示 t 时期的收入分配对劳动者生产或研发积极性的影响，当社会的收入分配制度越合理，h 越高，越能对工人的生产积极性起到促进作用。h 由制度和体制（政治制度及收入分配制度）决定，短期内受当期政府偏好的影响。在本节中假设 $h>0$。

2. 拓展模型

$$Y(t) = [(1-a_K)K(t)]^{\alpha}[A(t)(1-a_L)h(t)\widetilde{L(t)}]^{1-\alpha}, \quad 0 < a < 1$$

$$\dot{A}(t) = B[a_K K(t)]^{\beta}[a_L h(t)\widetilde{L(t)}]^{\gamma} A(t)^{\theta}$$

其中，$B>0$，$\beta \geq 0$，$\gamma \geq 0$。

为了简化模型，不妨设折旧率为 0，即

$$\dot{K}(t) = sY(t) - \delta K(t) \Rightarrow \dot{A}(t) = sY(t)$$

同时假设人口增长率外生不变为 n，即

$$\dot{\widetilde{L(t)}} = n\widetilde{L(t)}, n \geq 0$$

考虑资本 K 的动态变化

$$\dot{K}(t) = sY(t) \Rightarrow \dot{K}(t) = s[(1-a_K)K(t)]^\alpha [A(t)(1-a_L)h(t)\widetilde{L(t)}]^{1-\alpha}$$

则资本的增长率为

$$g_K(t) \equiv \frac{\dot{K}(t)}{K(t)} = c_k K(t)^{\alpha-1} A(t)^{1-\alpha} [h\widetilde{L(t)}]^{1-\alpha}$$

其中,$c_k = s(1-a_K)^\alpha (1-a_L)^{1-\alpha}$。

$$\ln g_K(t) = \ln c_K + \alpha \ln K(t) + (1-\alpha)\ln A(t) + (1-\alpha)[\ln h(t) + \ln \widetilde{L(t)}]$$

$$\Rightarrow \frac{\dot{g_K}(t)}{g_K(t)} = (1-\alpha)[g_A(t) + n + g_h(t) - g_K(t)]$$

$$\dot{A}(t) = B[a_K K(t)]^\beta [a_L h(t)\widetilde{L(t)}]^\gamma A(t)^\theta$$

$$\Rightarrow g_A(t) \equiv \frac{\dot{A}(t)A(t)}{} = B[a_K K(t)]^\beta [a_L h(t)\widetilde{L(t)}]^\gamma A(t)^{\theta-1}$$

$$= c_A K(t)^\beta h(t)^\gamma \widetilde{L(t)}^\gamma A(t)^{\theta-1}$$

其中,$c_A = Ba_k^\beta a_L^\gamma$。

通过对上式取对数然后对时间 t 求导可得

$$\ln g_A(t) = \ln c_A + \beta \ln K(t) + \gamma \ln h(t) + \ln \widetilde{L(t)} + (\theta-1)\ln A(t)$$

$$\frac{\dot{g_A}(t)}{g_A(t)} = \beta g_K(t) + \gamma [g_h(t) + g_{\tilde{L}}(t)] + (\theta-1)g_A(t)$$

$$\Rightarrow \frac{\dot{g_A}(t)}{g_A(t)} = \beta g_K(t) + \gamma [g_h(t) + n] + (\theta-1)g_A(t)$$

为简化分析,假设 $\beta + \theta < 1$,则当模型收敛时,有

$$\frac{\dot{g_K}(t)}{g_K(t)} = \frac{\dot{g_A}(t)}{g_A(t)} = 0$$

则

$$\frac{\dot{g_K}(t)}{g_K(t)} = (1-\alpha)[g_A(t) + n + g_h(t) - g_K(t)] = 0$$

$$= \frac{\dot{g_A}(t)}{g_A(t)} = \beta g_K(t) + \gamma [g_h(t) + g_{\tilde{L}}(t)] + (\theta-1)g_A(t)$$

$$\Rightarrow g_A(t)^* + n + g_h(t) - g_K(t)^* = 0$$

$$\beta g_K(t)^* + \gamma[g_h(t) + n] + (\theta - 1)g_A(t)^* = 0$$

$$\Rightarrow g_A(t)^* = \frac{\beta + \gamma}{1 - (\theta + \beta)}[n + g_h(t)]$$

$$\Rightarrow g_K(t)^* = g_A(t)^* + n + g_h(t)$$

当 A 和 K 按照上式增长，产出将按照 $g_K(t)^*$ 增长，工人平均产出将按照 $g_A(t)^* + g_h(t)$ 增长。当收入分配的合理性改善时，$g_h(t) > 0$，对创新和产出具有增长效应。

第四节 收入分配影响经济增长效率实证分析

一 模型构造

全要素生产率的传统研究都是研究变量与全要素生产率的增长率之间的关系，而直接研究全要素生产率水平值的文献非常少，这主要是受制于全要素生产率的计算方法，无论是通过索洛残差还是使用 DEA 数据包络法计算的都是全要素生产率相对上一年份的增长率，从逻辑关系上来说，这类研究探讨的是全要素生产率的增长率的影响因素，而不是全要素生产率的影响因素。

本节通过合适的方法来研究收入分配对全要素生产率的影响，就必须计算全要素生产率的水平值，在 $Y = AF(K,L)$ 中，A 才是全要素生产率。

$$g_{it} = \frac{A_{i,t}}{A_{i,t-1}} \Rightarrow A_{it} = A_{i,t-1} \times g_{it} \Rightarrow A_{it} = A_{i,0} \times g_{i,1} \times \cdots \times g_{i,t}$$

令 $G_{i,t} = g_{i,1} \times g_{i,2} \times \cdots \times g_{i,t}$

则 $A_{it} = A_{i0} \times g_{i,1} \times \cdots \times g_{i,t} = A_{i0} \times G_{i,t}$

$$\Rightarrow \ln A_{it} = \ln A_{i0} + \ln G_{i,t}$$

每一年份的 $g_{i,t}$ 可以通过使用索洛残差或者 DEA 数据包络法计算得出，而每一个个体的初始全要素生产率无法得出，但是通过使用面板固定效应进行回归，仍然可以得出相应的系数。

面板固定效应回归模型：

$$y_{it} = \alpha_i + x_{it}'\beta + z_i'\delta + \varepsilon_{it}$$

$$\overline{y_i} = \overline{x'_i}\beta + \overline{z'_i}\delta + \alpha_i + \overline{\varepsilon_i}$$

$$y_{it} - \overline{y_i} = (x_{it} - \overline{x_i})'\beta + (\varepsilon_{it} - \overline{\varepsilon_i})$$

令 $y_{it} = \ln A_{it}$

$$\Rightarrow \overline{y_{it}} = \overline{\ln A_{it}} = \overline{\ln A_{i0} + \ln G_{it}} = \frac{\sum_{t=0}^{t=T}\ln A_{i0} + \ln G_{it}}{T} = \ln A_{i0} + \frac{\sum_{t=0}^{t=T}\ln G_{it}}{T}$$

$$y_{it} - \overline{y_i} = (x_{it} - \overline{x_i})'\beta + (\varepsilon_{it} - \overline{\varepsilon_i})$$

$$\Rightarrow \ln A_{it} - \overline{\ln A_{it}} = \ln G_{i,t} - \frac{\sum_{t=0}^{t=T}\ln G_{it}}{T}$$

$$\ln G_{it} = \alpha_i + x_{it}'\beta + z_i'\delta + \varepsilon_{it}$$

通过对上述计量模型进行面板固定效应估计即可得到 β 系数，因此消除了没有初期全要素生产率对分析所造成的影响，即使没有初期 A_{i0}，仍然可以通过累积增长率（相对于某一基期的增长率）来得到变量对 $\ln A_{it}$ 的回归系数。

模型解释：在表 9-1 中，模型 1 的变量均为当期变量，模型 2 中将全要素生产率的滞后一阶纳入回归模型，在模型 3 及模型 5 中所有解释变量均取滞后一阶进行回归，模型 4 和模型 6 考虑到了内生性问题，也就是说，将解释变量的滞后项纳入回归会导致潜在的内生性，为了减弱模型存在的内生性，使用系统 GMM 估计方法对模型进行估计，并将劳动收入占比变量设置为内生的解释变量，并通过使用劳动收入占比的高阶滞后作为其自身的工具变量来进行回归估计。

表 9-1 收入分配影响经济增长效率的实证结果

变量	模型 1	模型 2	模型 3 滞后	模型 4 系统 GMM	模型 5 滞后	模型 6 系统 GMM
L 全要素生产率		1.013*** (0.012)	1.018*** (0.012)	1.084*** (0.015)	1.020*** (0.012)	1.070*** (0.020)

续表

变量	模型1	模型2	模型3 滞后	模型4 系统GMM	模型5 滞后	模型6 系统GMM
劳动收入占比	0.370*** (0.099)	0.178*** (0.027)	0.186*** (0.028)	0.293*** (0.039)		
劳动收入占比对数					0.088*** (0.013)	0.127*** (0.035)
第三产业与第二产业增加值之比	0.028 (0.021)	-0.013** (0.006)	-0.005 (0.006)	0.016* (0.009)	-0.005 (0.006)	0.005 (0.006)
进出口占比	0.107*** (0.035)	0.024** (0.010)	0.004 (0.010)	0.059*** (0.012)	0.005 (0.010)	0.067*** (0.016)
外商直接投资占比	-0.970*** (0.236)	0.121* (0.066)	0.161** (0.067)	0.687*** (0.199)	0.160** (0.067)	0.778*** (0.189)
国有经济发展水平	0.026 (0.029)	-0.038*** (0.008)	-0.044*** (0.008)	-0.032*** (0.004)	-0.045*** (0.008)	-0.034*** (0.004)
常数项	-0.066 (0.060)	-0.047*** (0.017)	-0.050*** (0.017)	-0.173*** (0.015)	0.106*** (0.016)	0.068* (0.036)
观测值	652	650	622	650	622	650
R^2	0.064	0.929	0.930		0.930	

注：*** 表示在1%的置信水平上显著，** 表示在5%的置信水平上显著，* 表示在10%的置信水平上显著。

通过对样本数据进行回归，无论劳动收入占比是水平值还是对数值或是滞后一阶，对全要素生产率的回归系数都显著为正，并且即使将全要素生产率的滞后项纳入回归模型，回归系数符号不变，在统计上仍具有非常高的显著性，说明劳动收入占比与全要素生产率之间存在稳健的正相关性。

系数解释：分别以模型4和模型6为例对系数进行解释。通过对模型4和模型6使用系统GMM进行估计，发现全要素生产率具有明显的惯性，即全要素生产率的系数在1%的显著性水平下显著，同时这种惯性表现为一种正向的惯性，在模型中的表现为全要素生产率的滞后项的回归系数符号为正，本节的解释是全要素生产率或许会具有一种马太效应，由于这种正向的惯性的存在，全要素生产率高的地方在下一期往往会有更高的全要素生产率，这种现象的存在可能是因为全要素生产率高的地方知识积累多、科研人才多、创新效率高，此外，人才资源可能会向全要素生产率高的地方聚集，因此，由于马太效应的存在，全要素生产率的差别可能会在长期表现出明显的区域差异。

将全要素生产率视为经济增长质量的指标，那么正的惯性的经济含义就是经济增长质量具有正的惯性，经济增长质量会随着全要素生产率的积累而提高，即代表经济增长质量的全要素生产率对自身具有正反馈作用，经济增长质量会与前期的质量相关，从直观上看，这是显而易见的。

在模型4中，即通过使用系统GMM方法对模型进行回归，劳动收入占比变量的水平值对经济增长质量的指标（即TFP的对数值）的系数符号为正并在1%的显著性水平下显著，系数值为0.293的经济含义是劳动收入占比提高一个单位时经济增长质量的效率（全要素生产率）会提高29.3%，但考虑到劳动收入占比变量的单位后，系数的解释为，1993~2015年劳动收入占比提高10%，全要素生产率则会提高2.93%；而模型6中劳动收入占比变量取了对数，即使如此，该变量的系数符号依然为正，并且系数值为0.127，标准差为0.035，系数在1%的统计水平下显著，说明劳动收入占比这个变量对经济增长质量（效率指标）的影响具有一定的稳健性，考虑到取了对数变换后的劳动收入占比指标与原始水平值的变量不同，其经济含义也会不同，模型6中劳动收入占比的对数变量的系数值为0.127，该数值的经济含义是劳动收入占比对经济增长质量（全要素生产率）的弹性，直观上说，劳动收入占比提高1%时，经济增长质量（效率指标）会提高0.127%。2016年国内生产总值为740060.8亿元，根据当年《中国统计年鉴》的《资金流量表（实物部分）》，劳动报酬为385191.67亿元，故当年我国的劳动收入占比为52.05%，根据模型6的回归结果，即使劳动收入占比提高10%，即实际上劳动收入占比由52.05%提高到57.26%，劳动收入占比也仅仅增加5.21个百分点，而相对应的我国的经济增长质量会增长1.27%。从国际视角来看，通过利用佩恩表进行对比分析发现，相对于发达国家甚至部分发展中国家而言，中国的劳动收入占比相对处于较低的水平，具有比较大的提升空间。同时，根据现有文献观点，劳动收入占比的提高实际上会改善收入分配状况，而本节的实证结果说明劳动收入占比的提高能促进经济增长质量的提升。因此，劳动收入占比的提高一方面会改善收入分配，另一方面也会提升经济增长质量。

在使用系统 GMM 回归的模型 4 和模型 6 中，纳入了产业结构作为控制变量，采用第三产业与第二产业增加值之比来表征产业结构。现有文献对于产业结构的指标达成了一定的共识，但就具体指标来说并没有一个完全统一的标准，部分文献在实证分析时用第二产业或第三产业在 GDP 中的比重表示产业结构，也有一些文献同时用第二产业与第三产业比重的水平值作为产业结构的指标。我们认为第三产业与第二产业增加值之比也可以反映产业结构的信息，因此在回归分析中使用其作为控制变量产业结构的具体指标。在模型 4 和模型 6 的回归结果中，第三产业与第二产业增加值之比的系数分别为 0.016 和 0.005，这两个系数在统计上并不是非常显著，模型 4 中产业结构的系数解释为第三产业与第二产业增加值之比增加 1 单位，全要素生产率会增加 1.6%。

同时纳入模型的变量还有进出口占 GDP 比重、外商直接投资占 GDP 比重、国有经济固定资产投资占全社会固定资产投资比重，这些变量分别代表进出口占比、外商直接投资占比、国有经济发展水平等控制变量。模型中进出口占比的系数为正，说明对外贸易对经济增长质量具有正向影响，而外商直接投资占比的系数也为正并且系数值较大，说明 1993~2015 年外商直接投资对我国经济增长质量（全要素生产率）具有明显的作用。这种结果也是符合直观认识的，改革开放后境外资本对我国的投资以及国外企业落户中国，实际上除了直接带动当地的经济发展外，由于资本的逐利性，势必会投资到具有发展前景且能带来更多利润的企业，而企业为了实现利润最大化，势必会改进生产技术，提高企业生产效率。市场条件下企业竞争的表现就是通过创新提高生产效率，在行业视角下，企业彼此竞争的结果会提高整个行业的生产效率，而行业彼此之间相互联系，新技术的开发和效率的提高具有溢出效应，势必会促进关联行业的技术效率的提升。

国有经济发展水平的变量的系数为负并且显著，这个结果具有一定的启发性。由于国有经济发展水平变量实际采用的指标是国有经济固定资产投资占全社会固定资产投资比重，以模型4为例，国有经济发展水平变量的系数为-0.032并且在1%的水平下显著，说明国有经济固定资产投资占全社会固定资产投资比重上升1个单位，直观上全要素生产率会下降3.2%，我们对此的解释是，国有经济固定资产投资可以很好地反映国有经济，而在全社会固定资产投资中的比重则可以反映国有经济的地位，改革开放后，随着境外资本的流入和市场化改革的推进，国有经济在整个国民经济中的地位下降了，而国有企业往往具有雄厚的政治资本、企业规模大，这类政治背景深厚的大企业与小企业相比创新意识较低，大企业可以依托政治背景与企业规模占据较大市场份额，在创新与垄断的选择中，这类企业往往更偏好通过垄断来获取利润，因此在1993~2015年对全要素生产率的影响为负，这也说明了国企改革的必要性。

二 收入分配影响经济结构的实证分析

经济结构是高质量发展的重要方面，但在实证研究中如何刻画经济结构是首先要解决的问题。实际上，我们只要能刻画经济结构的主要方面，或者发现经济结构的主要表征即可。为此，我们从封闭经济体的经济构成入手进行分析。按照马克思的做法，把社会生产分成生产资料部门和生活资料部门，前者生产资本品，后者生产生活资料。K, L分别表示资本和劳动，$f(K, L)$为总产出，$I(K, L)$为产出中的资本品，$C(K, L)$为产出中的生活资料。于是

$$f(K, L) = I(K_1, L_1) + C(K_2, L_2)$$

其中，$K_1 + K_2 = K$，$L_1 + L_2 = L$。

投资消费结构是最重要的经济结构，或者说，经济结构的合理性会

投射到投资消费结构中。合理的投资消费结构要求总产出中没有被消费的产品正好是资本品,且被企业购买,这是良好经济结构的关键表征。于是最优储蓄率为

$$s = \frac{I(K,L)}{f(K,L)}$$

资本 K 和劳动 L 在两个部门(生产资料和生活资料)的分割应该满足的条件是两部门的边际产品(产值)相等(最大效益)。则当资本与劳动获得增量时:

$$\Delta f(K+\Delta K, L+\Delta L) = \Delta I(K_1+\Delta K_1, L_1+\Delta L_1) + \Delta C(K_2+\Delta K_2, L_2+\Delta L_2)$$

其中,$\Delta K_1 + \Delta K_2 = \Delta K, \Delta L_1 + \Delta L_2 = \Delta L$。

最优投资率为

$$s' = \frac{I(K_1,L_1) + \Delta I(K_1+\Delta K_1, L_1+\Delta L_1)}{f(K,L) + \Delta f}$$

在两部门技术构成给定、消费者偏好不变的情况下,最优决策意味着新增要素(资本与劳动)在两部门的边际产出相等。因此,根据现有的技术构成,全社会的偏好(包括跨期)已经达成共识:新增要素的分割使得 ΔI 与 ΔC 的比例 $\Delta I/\Delta C$ 与 $I(K,L)/C(K,L)$ 相等,从微观上来说就是,企业与消费者的选择(划分资本与劳动)使得资本、劳动的边际产品相等,从而

$$s' = \frac{I(K_1,L_1) + \Delta I(K_1+\Delta K_1, L_1+\Delta L_1)}{f(K,L) + \Delta f} = \frac{I(K_1,L_1)}{f(K,L)} = s$$

由此得到

$$\frac{\Delta I(K_1,L_1)}{\Delta f} = \frac{I(K_1,L_1)}{f(K,L)} \Rightarrow \frac{\Delta I}{I} = \frac{\Delta f}{f}$$

同理

$$\frac{\Delta C(K_1,L_1)}{\Delta f} = \frac{C(K_1,L_1)}{f(K,L)} \Rightarrow \frac{\Delta C}{C} = \frac{\Delta f}{f}$$

重构供求联动机制：收入分配的视角

所以，投资、消费与经济增长同步是经济协调发展的基本要求，也是经济结构是否合理的基本标准。因此，用 $\frac{\Delta C}{C} - \frac{\Delta f}{f}$ 表示经济结构的合理性。如果消费增长率超过经济增长率，说明经济增长的效益比较好，但长期来说，消费增长率与经济增长率是交替领先的，两个增长率之差在零的上下波动。直观上说，当消费增长率超过经济增长率时，增加投资的动机便会增强。反之亦然。

利用省份面板数据进行实证研究，考虑到潜在的内生性问题，我们采用面板固定效应计量模型[①]来减弱可能存在的遗漏变量对回归结果造成的影响，并且通过使用自变量的滞后项来对因变量进行回归，进一步降低可能存在的内生性问题。

实证结果及分析：本节实证的因变量是经济结构，用消费增速与经济增速的差作为反映经济运行过程中经济结构合理性的指标。延续本章前面的分析，当经济结构合理，宏观上的表现应该是投资、消费与经济同步协调发展。当实际消费增速小于经济增速时，说明经济发展主要依靠投资拉动，总产出中投资的比重在上涨，与之相对应的则是居民消费在总产出中的比重下降。就本质而言，投资是为了提高未来的生产能力，但如果生产能力的提高没有转化为消费的提高，则要么产能闲置，要么产品过剩，甚至二者兼而有之。无论如何，产能过剩容易导致无效供给的产生，而过度投资所导致的生产能力的扩张和无效供给的增加所反映的恰恰是投资效率低下和经济结构扭曲。与产能过剩相伴的是需求不足、有效供给与有效需求失衡，这说明，作为联结供求的枢纽的收入分配没有很好地起到激励生产和激发消费的作用，收入分配结构存在缺陷。所以，消费与经济的协调性发展情况反映的是，包括收入分配结构在内的总体经济结构的合理性。简而言之，当居民消费与经济增长同步

---

① 本书也进行了面板随机效应回归，Hausman 检验显示，拒绝两个模型系数没有系统性差异的原假设，即使用固定效应效果会更好。并且从逻辑关系上来说，宏观数据之间或多或少存在一定的相关性，而随机效应的假设非常苛刻，固定效应的假设更符合现实。

时，说明消费与投资彼此协调发展，经济增长结构合理，投资增长正好与居民的消费增长相呼应，投资效率与经济增长质量处于理想状态。

实证结果表明，劳动收入占比的系数为正，并且四个模型中劳动收入占比的系数均高度显著。这说明劳动收入占比与经济结构的合理性具有正的相关性，在经济意义和统计上都具有很强的显著性。结合理论分析，劳动收入占比的提升对于经济结构优化有积极的促进作用。劳动收入占比的系数在控制个体固定效应、控制双向固定效应①时的系数分别为 0.2050 和 0.2641（见表 9-2），差别不大。考虑到当期宏观变量之间存在的潜在相关性，在模型 4 中将解释变量的一阶滞后纳入回归模型，并加入所需要的控制变量进行回归，回归模型的结果表明劳动收入占比的系数值为 0.2330，在 1% 的显著性水平上显著，这说明劳动收入占比对经济结构优化的正向作用具有稳健性。

表 9-2 收入分配影响经济结构的实证结果

变量	模型 1	模型 2	模型 3	模型 4 解释变量均滞后
劳动收入占比增长率	0.1189*** (0.0395)			
劳动收入占比		0.2050*** (0.0536)	0.2641*** (0.0568)	0.2330*** (0.0576)
人均 GDP 对数	-0.3190*** (0.0696)	-0.2684*** (0.0718)	-0.1667** (0.0789)	-0.0361 (0.1016)
人均 GDP 对数平方	0.0169*** (0.0036)	0.0147*** (0.0036)	0.0134*** (0.0036)	0.0085* (0.0048)
国有经济发展水平				-0.0441*** (0.0139)
财政预算占比				0.2770*** (0.0703)
老年抚养比				-0.0014 (0.0019)

① 由于政策一般都会受政府换届的影响，因此本书中所涉及的时间效应均剔除了历届政府的任期效应（用虚拟变量区分不同的政府任期）。

续表

变量	模型1	模型2	模型3	模型4 解释变量均滞后
少儿抚养比				0.0027*** (0.0008)
金融发展水平				-0.0844*** (0.0266)
常数项	1.3687*** (0.3481)	1.1052*** (0.3627)	0.3039 (0.4480)	-0.4591 (0.5542)
观测值	660	660	660	626
R^2	0.0746	0.0826	0.0957	0.1871
固定效应	Yes	Yes	Yes	Yes
时间效应			Yes	Yes

注：***表示在1%的置信水平上显著，**表示在5%的置信水平上显著，*表示在10%的置信水平上显著。

特别地，在模型4中，国有经济发展水平的系数符号为负，并且非常显著，说明在1993~2015年，我国国有经济的发展速度对居民消费增速的影响不及对国民生产总值增速的影响。同样，用城乡储蓄存款来刻画的金融发展水平的系数也显著为负数，这说明从发展速度上来说，储蓄对消费发展速度的影响没有对国民生产总值的影响大。

以上结果表明，在样本期间，劳动收入占比对供求协调发展的影响是比较大的。目前我国的劳动收入占比水平较低，通过收入分配制度的改革来提高劳动收入占比、优化经济结构还存在较大的空间。

三 收入分配影响经济增长可持续性的实证分析

本节采用居民消费率来刻画经济增长的持续性。既有研究表明，消费具有很强的惯性，因而本节将消费率的滞后项纳入回归模型。实际上，使用面板数据能在一定程度上减弱遗漏变量问题，而其本质是通过面板固定效应的回归形式，通过差分或者组内去平均的方式对那些不会随着时间变化的个体不可观测的异质性和变量进行处理。但如果回归模型本身包含内生解释变量，则仍会导致内生性问题，对回归系数产生很大影响，此时需要使用工具变量法。本节将消费率的滞后项纳入固定效应回归模型，构成动态面板模型。对于动态面板数据，组内估计量（FE）也是不一致的，因此将消费率滞后项作为回归元的模型一般存在内生性问题。为减弱因纳入滞后项而导致的内生性问题，我们通过系统GMM来对动态面板进行估计和分析。

通过面板双向固定效应、纳入滞后项的双向固定效应、系统GMM等方法进行实证分析。模型1为面板双向固定效应模型，模型2为纳入因变量滞后项的面板双向固定效应模型，模型3为解释变量均为滞后项的面板双向固定效应模型，模型4为系统GMM模型（见表9-3）。

表9-3 收入分配影响经济增长可持续性的实证结果

变量	模型1	模型2	模型3	模型4
居民消费率滞后		0.7383*** (0.0249)	0.7905*** (0.0258)	0.6741*** (0.0512)
劳动收入占比	0.1626*** (0.0290)	0.0874*** (0.0187)	0.1019*** (0.0193)	0.0861*** (0.0272)
人均GDP对数	-0.5312*** (0.0474)	-0.1432*** (0.0348)	-0.1355*** (0.0343)	-0.2616*** (0.0719)
人均GDP对数平方	0.0234*** (0.0023)	0.0070*** (0.0017)	0.0071*** (0.0017)	0.0128*** (0.0034)
少儿抚养比	-0.0004 (0.0004)	0.0003 (0.0003)	0.0002 (0.0003)	0.0014*** (0.0004)
老年抚养比	-0.0030*** (0.0010)	-0.0013** (0.0006)	-0.0004 (0.0006)	-0.0007 (0.0005)
第三产业比重	0.0022*** (0.0004)	0.0004* (0.0002)	-0.0004 (0.0003)	0.0018*** (0.0001)
金融发展水平	0.1207*** (0.0130)	0.0306*** (0.0090)	0.0133 (0.0094)	0.0258*** (0.0089)
常数项	3.1430*** (0.2439)	0.7559*** (0.1858)	0.6806*** (0.1806)	1.2878*** (0.3892)
观测值	686	657	656	657
R^2	0.7774	0.9116	0.9079	
固定效应	Yes	Yes	Yes	
时间效应	Yes	Yes	Yes	

利用 1993~2015 年的省份面板数据进行实证分析的结果显示：在所有模型中，劳动收入占比对居民消费率均存在非常显著的正向影响。在不纳入居民消费率滞后项的模型中，劳动收入占比对居民消费率的回归系数为 0.1626，说明二者存在显著的正向相关性，在此模型基础之上纳入滞后项后劳动收入占比的系数由 0.1626 变为 0.0874，系数变化差异较大，并且滞后项的系数很显著，说明未纳入滞后项的回归中，劳动收入占比对居民消费率的系数是有偏的，它分担了滞后项的影响，高估了劳动收入占比对居民消费率的系数。

由于劳动收入占比与居民消费率都是同期的，因而不可避免地存在潜在的内生性问题。因此，在模型 3 中为了减弱可能存在的内生性问题，将解释变量都采用滞后一阶来对当期居民消费率进行回归，回归结果显示劳动收入占比对居民消费率仍然存在非常显著的正向关系，而由于模型 3 纳入了因变量的滞后项，仍然可能存在模型估计系数非一致的问题，为了进一步减弱可能的内生性问题，在模型 4 中采用系统 GMM①的方法，并在回归过程中将劳动收入占比设定为内生解释变量，并使用两个更高阶滞后作为工具变量进行估计，回归结果显示劳动收入占比对居民消费率的系数为正且非常显著。由此论断，1993~2015 年劳动收入占比的确对居民消费率存在显著的正向影响。

由上述分析可得出如下结论：1993~2015 年劳动收入占比对经济增长持续性存在正向影响，即劳动收入占比对经济增长需求侧的影响为正，对经济增长持续性具有显著的重要作用。

进一步地，通过国际观察，发现中国居民消费率与世界上其他国家相比仍处于一个较低的水平，与西方发达国家相比有比较明显的差别。陈静怡（2010）认为我国劳动报酬占 GDP 的比重仅有 45.4%，这说

---

① 通过对系统 GMM 扰动项的自相关性进行检验，扰动项的差分存在一阶自相关，但不存在二阶自相关，因此可以使用系统 GMM；同时使用 Sargan 检验进行过度识别检验，在 5% 的显著性水平上，无法拒绝"所有工具变量均有效"的原假设。

明，我国通过提高劳动收入占比来缩小居民收入差距并促进消费的政策空间还有很大。根据国家统计局最新公布的数据，我国的劳动报酬在国民生产总值中的比重也并未超过 50%，而劳动报酬构成了居民收入的主要部分，为了保障消费增长，提升居民的劳动报酬并保持与国民经济的同步增长具有重要意义。对 1994～2016 年中国宏观层面的居民消费率与劳动收入占比进行比较，我们发现，2000～2008 年，我国劳动收入占比与居民消费率都处于下滑阶段，而 2010 年以后劳动收入占比与居民消费率处于上升阶段，但水平仍然较低（见图 9-1）。我们认为，在此期间我国居民消费率的变动主要受劳动收入占比变动的影响，现阶段我国较低的居民消费率可能与较低的劳动收入占比水平直接相关。因此，就经济增长的可持续性来说，提高劳动收入占比，有利于发挥消费对需求侧的拉动和对经济增长的引领作用，有利于中国经济增长的可持续性。

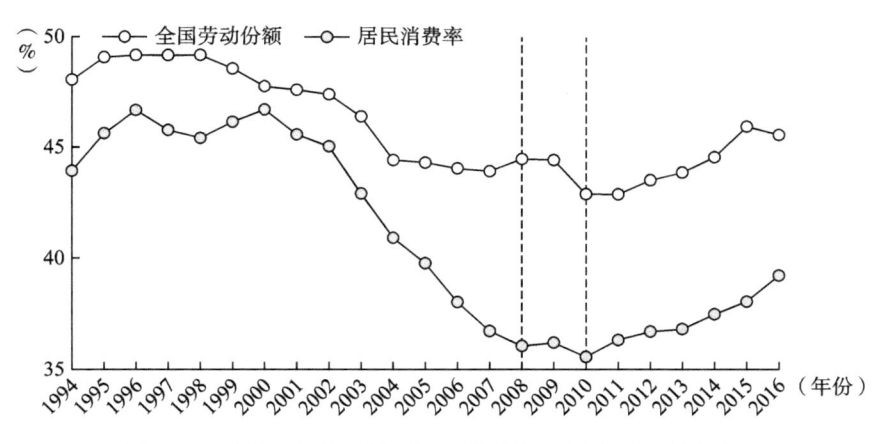

图 9-1　1994～2016 年中国劳动份额与居民消费率变动趋势

第五节　结论

为了还原真实数据，降低度量误差，本章在计量分析中对数据进行了细致的处理。同时，对模型的设定和处理也充分地考虑了内生性问题,并在许可的范围内做了恰当的处理。实证研究发现,劳动收入占比对经济增长质量的三个方面都具有显著的正向影响,并且在经济上的影响也是显著的。由此得出结论:收入分配制度的改革与完善对于中国实现高质量发展是十分关键的。

第十章 实现消费与经济的同步增长

现有文献或官方文件的表述中，常称消费需求为经济增长的动力。或许可以说，这是约定俗成的说法，实际上是把消费需求作为经济增长因素的另一种表达方式。但这确实也反映了某种我们认为不正确的经济增长动力观。按照本书对经济增长动力的界定，即收入分配联结供求的供求联动机制，消费不是经济增长的动力，而是动力的一个链条或节点。这不是弱化消费的作用，恰恰相反，与"三驾马车"的比喻相比，这样的动力观强化了消费在经济增长中的作用，动力的任何一个节点都是不可或缺的。"生产并分享更多更好的产品"是人类生存和发展的需要，也是经济增长的本质，缺少了消费的环节，生产与消费的循环往复运动便不复存在。经济增长的根本目的是实现人的全面发展，提高人民的福祉，舍此再无其他。消费作为人的全面发展和人民福祉的体现，其重要性是不言而喻的。本章不是讨论消费的重要性，而是讨论消费与经济同步增长的重要性，这不仅关乎经济增长动力的顺畅运转，更关乎经济增长的效益。

第一节 消费与经济同步增长的内涵与测度

开宗明义，消费与经济同步增长的含义是消费增速与经济增速相同，也就是说，消费增长率与经济增长率相同。关键是，从消费与经济同步增长的内涵中，或者更准确地说，从消费与经济同步增长的逻辑中，我们能够得到何种启发。事实上，从两个简单的逻辑出发，我们便可认识到消费与经济同步增长的重要性。第一个逻辑是，消费总量不能超过总产出或经济总量，长期来看，在每个较长的时间单元内（如1年）也是如此；第二个逻辑是，消费总量在经济总量中的占比即消费率不能趋向于零。这可以看作一个假设，但也是经济发展的基本现实。也就是说，如果经济活动的总产出中的绝大部分不是直接消费品，而是为维持少量（极小的比例）消费品的生产所做的投资，那经济增长便偏离了初衷，技术进步得不偿失。总体来看，得不偿失的技术进步是无法长期立足的，所以现实情况是，在全球范围内，60%的投资率已经是很高的投资率，甚至是遭到诟病的投资率。这两个逻辑是我们讨论的起点。

以 C 和 Y 分别表示消费总量和经济总量，用 α、β 表示消费增长速度与经济增长速度，也就是消费增长率和经济增长率，C_t 和 Y_t 分别表示消费总量和经济总量，用 α_t、β_t 表示第 t 期（一般是年，也可以是其他时间单位）的消费增长率与经济增长率。假设经济总量和消费总量的初始值（基年的取值）分别为 C_0 和 Y_0，那么不难得到第 T 期的经济总量和消费总量分别为

$$C_T = C_0 \prod_{t=1}^{T}(1+\alpha_t), Y_T = Y_0 \prod_{t=1}^{T}(1+\beta_t)$$

由此得到，第 T 期的消费率为

$$r_T = \frac{C_T}{Y_T} = \frac{C_0}{Y_0} \prod_{t=1}^{T} \frac{1+\alpha_t}{1+\beta_t}$$

首先考虑两种特殊情形，即消费增长率长期小于或等于经济增长率，或消费增长率长期大于或等于经济增长率，"长期"的含义是从某一时刻开始成立。不影响一般性，不妨假设

情形1：$\alpha_t \leq \beta_t$ ($t=1, 2, \cdots$)；情形2：$\alpha_t \geq \beta_t$ ($t=1, 2, \cdots$)

先讨论情形1。第 T 期（$T>0$）的消费率可以改写成

$$r_T = \frac{C_0}{Y_0} \prod_{t=1}^{T} \frac{1+\alpha_t}{1+\beta_t} = \frac{C_0}{Y_0} \prod_{t=1}^{T} \left(1 - \frac{\beta_t - \alpha_t}{1+\beta_t}\right)$$

第十章 实现消费与经济的同步增长

由于消费增长率与经济增长率超过 ±100% 的情形是极少发生的，不妨假设 $\left|\dfrac{\beta_t - \alpha_t}{1 + \beta_t}\right| \leqslant 0.5$。则 $\{r_T\}$ 是非负递减序列，必存在极限 $\lim_{T \to \infty} r_T = r$，如果 $r = 0$，则经济发展是不可持续的。因此，$r > 0$，故无穷乘积 $\pi = \dfrac{C_0}{Y_0} \prod\limits_{t=1}^{\infty} \dfrac{1 + \alpha_t}{1 + \beta_t}$ 收敛，这等价于无穷级数

$$\sum_{t=1}^{\infty} \log\left(1 - \dfrac{\beta_t - \alpha_t}{1 + \beta_t}\right) = \log \prod_{t=1}^{\infty}\left(1 - \dfrac{\beta_t - \alpha_t}{1 + \beta_t}\right) ①$$

收敛。利用 $-x/2 \geqslant \log(1-x) \geqslant -x \ (0 \leqslant x \leqslant 1)$，上述级数收敛的充分必要条件是正项级数 $\sum\limits_{t=1}^{\infty} \dfrac{\beta_t - \alpha_t}{1 + \beta_t}$ 收敛，它等价于级数 $\sum\limits_{t=1}^{\infty} (\beta_t - \alpha_t)$ 收敛②。

情形 2：把消费率写成 $r_T = \dfrac{C_0}{Y_0} \prod\limits_{t=1}^{T}\left(1 + \dfrac{\alpha_t - \beta_t}{1 + \beta_t}\right)$，$\{r_T\}$ 是非负递增序列，必存在极限 $\lim_{t \to \infty} r_t = r \leqslant +\infty$，如果 $r = +\infty$，则经济发展是难以为继的。因此，$r < +\infty$，从而无穷级数

$$\sum_{t=1}^{\infty} \log\left(1 + \dfrac{\alpha_t - \beta_t}{1 + \beta_t}\right) = \log \prod_{t=1}^{\infty}\left(1 + \dfrac{\alpha_t - \beta_t}{1 + \beta_t}\right)$$

收敛于有限数，利用 $x/2 \leqslant \log(1+x) \leqslant x \ (0 \leqslant x \leqslant 1)$，上述级数等价于正项级数 $\sum\limits_{t=1}^{\infty}\left(\dfrac{\alpha_t - \beta_t}{1 + \beta_t}\right)$ 收敛，也等价于级数 $\sum\limits_{t=1}^{\infty}(\alpha_t - \beta_t)$ 收敛。

也就是说，无论是情形 1 还是情形 2，经济可持续发展均要求级数 $\sum\limits_{t=1}^{\infty}|\alpha_t - \beta_t|$ 收敛。该级数收敛不仅要求 $\alpha_t - \beta_t \to 0$，即消费增长率与经济增长率越来越接近，而且要以极快的速度靠近。数学的表述是，对任意正数 $\varepsilon > 0$，当 T 充分大时，

---

① 本章的 log 均表示以自然数 e 为底的对数。
② 易知 $1/(1 + \beta_t)$ 在 0.5 与 1 之间。

$$\sum_{t=T}^{T+N} |\alpha_t - \beta_t| < \varepsilon$$

对任意的正整数 N 成立。直观地表述就是，在一定的时间以后，不论在多长的时段之内，消费增速与经济增速的累计差都可以小到令人满意的程度，最终基本上相等。

上面是两种特殊情况。一般情形下，经济增长率与消费增长率的大小是交替出现的，交替不是严格意义上的，即间隔时间可以是不固定的。但两个基本的逻辑要求消费率不能无限接近零或趋于无穷，即存在两个正数 ρ、M，$\rho < M$，$0 < \rho < 1$，$M < +\infty$，使得对任何正整数 T，有

$$0 < \rho < \pi = \frac{C_0}{Y_0} \prod_{t=1}^{T} \frac{1+\alpha_t}{1+\beta_t} < M \qquad (10-1)$$

即

$$\log \rho < \log(C_0/Y_0) + \sum_{t=1}^{\infty} \log\left(\frac{1+\alpha_t}{1+\beta_t}\right) < \log M \qquad (10-2)$$

$\prod_{t=1}^{T}(1+\alpha_t)$ 与 $\prod_{t=1}^{T}(1+\beta_t)$ 分别是从基年算起的累计消费增长率和累积经济增长率[①]，式（10-1）告诉我们这两个增长率的比在现实经济发展中必须是"可控的"（数学表述是"有界"）。说明这两个增长率之比的另一种方法是用

$$\left| \sum_{t=1}^{T} \log \frac{1+\alpha_t}{1+\beta_t} \right| = \left| \sum_{t=1}^{T} \log(1+\alpha_t) - \sum_{t=1}^{T} \log(1+\beta_t) \right|$$

来刻画，但该测度没有把消费增速与经济增速的波动考虑在内[②]。为了考虑每个时期消费增长率和经济增长率的波动，自然地，用

$$\sum_{t=1}^{T} \left| \log \frac{1+\alpha_t}{1+\beta_t} \right| = \sum_{t=1}^{T} \left| \log(1+\alpha_t) - \log(1+\beta_t) \right|$$

---

① 严格地说，减去 1 之后才是累计增长率。
② 有一种可能是，每个时期，消费增速与经济增速均有较大差别，但加总后由于正负抵消而变得很小。

第十章 实现消费与经济的同步增长

来刻画消费增长率与经济增长率的累计差（累计波动）。

不难证明

$$-x^2/2 \leq x - \log(1+x) \leq x^2/2 \quad (0 \leq |x| < 1)$$

故当 $|\alpha_t - \beta_t|$ 很小时（小于 1 即可），有

$$\left| \left| \frac{\alpha_t - \beta_t}{1 + \beta_t} \right| - \left| \log\left(\frac{1+\alpha_t}{1+\beta_t}\right) \right| \right| = \left| \left| \frac{\alpha_t - \beta_t}{1 + \beta_t} \right| - \left| \log\left(1 + \frac{\alpha_t - \beta_t}{1 + \beta_t}\right) \right| \right|$$

$$\leq \frac{1}{2}\left(\frac{\alpha_t - \beta_t}{1 + \beta_t}\right)^2 \leq \frac{1}{2}(\alpha_t - \beta_t)^2$$

当 $|\alpha_t - \beta_t|$ 小于 0.05 时，上述不等式右端小于 0.00125，故我们可以近似地用 $\sum_{t=1}^{T}\left|\frac{\alpha_t - \beta_t}{1 + \beta_t}\right|$ 来表示消费增长率与经济增长率的累计差或累计波动。一般情形下，β_t 很小，故我们也可以简便（自然也会相对粗糙一点）地用 $\sum_{t=1}^{T}|\alpha_t - \beta_t|$ 来表示消费增长率与经济增长率的累计差或累计波动，也就是说，用它来表示消费与经济增长同步的程度。严格地说，以上测度度量的是消费与经济增长不同步的程度。

以上的分析说明，对于消费增长率与经济增长率的累计差或累计波动，有三种可能的测度方法：

$$\sum_{t=1}^{T}\left|\log\frac{1+\alpha_t}{1+\beta_t}\right|, \quad \sum_{t=1}^{T}\left|\frac{\alpha_t - \beta_t}{1 + \beta_t}\right|, \quad \sum_{t=1}^{T}|\alpha_t - \beta_t|$$

第一个更精确，第三个最简洁。

实际上，还有第四种测度方法，而且更具有几何直观性。把时间划分为更小的间隔（半年、一个月、一天等），把每个时点的消费增长率与经济增长率分别用线段连接起来，分别形成消费增长率曲线与经济增长率曲线，两曲线围成的面积刻画了消费增长率与经济增长率的累计波动。虽然计算复杂一点，但对于现代计算手段来说，这已经不成问题。

根据以上分析，我们把 $\alpha_t \equiv \beta_t$ 的情形及 $\sum_{t=1}^{\infty}|\alpha_t - \beta_t|$ 收敛的情形称

为同步增长，对于后者来说，虽然消费增速与经济增速仍然有差别，但两个增速以极快的速度接近。

第二节 消费与经济同步增长的意义

根据前面提出的两个简单的逻辑，经济的可持续发展要求

$$\log \rho < \log(C_0/Y_0) + \sum_{t=1}^{T} \log\left(\frac{1+\alpha_t}{1+\beta_t}\right) < \log M$$

但这不能保证级数

$$\sum_{t=1}^{T} \log \frac{1+\alpha_t}{1+\beta_t} = \lim_{T\to\infty} \left(\sum_{t=1}^{T} \log(1+\alpha_t) - \sum_{t=1}^{T} \log(1+\beta_t) \right)$$

收敛。

但是，如果消费率趋于稳态，即消费率趋于一个常数，则 $|r_T|$ 有有限的非零极限，从而上述级数 $\sum_{t=1}^{\infty} \log \frac{1+\alpha_t}{1+\beta_t}$ 收敛。不难证明 $\alpha_t - \beta_t \to 0$ ($t\to\infty$)，也就是说，消费增速与经济增速越来越接近。相对于 $\alpha_t \equiv \beta_t$ 或者 $\sum_{t=1}^{\infty} |\alpha_t - \beta_t|$ 收敛的情形来说，这种趋同的要求相对较低，但仍然是理想的状况，我们把这种情形仍称为同步增长。虽然同步增长是一种理想状况，却为我们提供了一个分析的参照。

先考虑以下特殊情形：$\alpha_t - \beta_t \to 0$ ($t\to\infty$)，$\left\{\log\left(\frac{1+\alpha_t}{1+\beta_t}\right)\right\}$ 单调递减，且 $\sum_{t=1}^{\infty} \log \frac{1+\alpha_t}{1+\beta_t}$ 是交错级数，即消费增长率与经济增长率的大小交错出现（交替周期为1）。此时级数 $\sum_{t=1}^{\infty} \log \frac{1+\alpha_t}{1+\beta_t}$ 收敛，消费率趋于稳态，这显然是同步发展的情形。为了简明起见，我们考虑一个封闭经济体的情形（没有进口和出口），即 $GDP = I + C$。可以证明以下命题：如果经济增长率大于消费增长率，则投资增长率必然大于消费增长率。事

实上，

$$\Delta GDP = \Delta I + \Delta C \Rightarrow \frac{\Delta GDP}{GDP} = \frac{\Delta I}{GDP} + \frac{\Delta C}{GDP} = \frac{I}{GDP}\frac{\Delta I}{I} + \frac{C}{GDP}\frac{\Delta C}{C}$$

若不然，如果投资增长率小于或等于消费增长率，即 $\Delta I/I \leq \Delta C/C$，则

$$\frac{\Delta GDP}{GDP} = \frac{I}{GDP}\frac{\Delta I}{I} + \frac{C}{GDP}\frac{\Delta C}{C} \leq \frac{I}{GDP}\frac{\Delta C}{C} + \frac{C}{GDP}\frac{\Delta C}{C} = \frac{\Delta C}{C}$$

与假设矛盾，结论得证。同理可证：如果经济增长率小于消费增长率，则投资增长率必然小于消费增长率。对于开放经济，如果净出口保持稳定（比例不变），上述命题仍然成立。

消费增速与经济增速交错占优的含义是，如果当年经济增长率大于消费增长率，则下个年度正好相反，即经济增长率小于消费增长率。如此循环往复。根据以上命题的论断，与之伴随的是，如果当年的投资增长率大于消费增长率，则下年度的投资增长率小于消费增长率，但反转的幅度减小，这一过程使得消费率收敛于稳态。这要求经济系统对于供求的微小失衡十分敏感，或者说供求协调机制对于消费率偏离最优状态十分敏感，供求失衡一旦出现，会被市场机制立即校正，并且矫枉不会过正，波动的幅度越来越小。

与上述情形相对照，如果 $\alpha_t - \beta_t \to 0$（$t \to \infty$）不成立，但 $\sum_{t=1}^{\infty} \log \frac{1+\alpha_t}{1+\beta_t}$ 仍是交错级数，$\left\{\log\left(\frac{1+\alpha_t}{1+\beta_t}\right)\right\}$ 保持单调递减。此时 $\sum_{t=1}^{\infty} \log \frac{1+\alpha_t}{1+\beta_t}$ 是发散级数，消费增长率与经济增长率的大小交错出现，但消费率没有稳态。令 $P_n = \sum_{t=1}^{n} \log \frac{1+\alpha_t}{1+\beta_t}$，用 P 和 P' 分别表示序列 $\{P_n\}$ 最大的部分极限和最小的部分极限，也就是说，$P = \limsup_{n \to \infty} P_n = \limsup_{N \to \infty}\{P_n : n \geq N\}$，$P' = \liminf_{n \to \infty} P_n = \liminf_{N \to \infty}\{P_n : n \geq N\}$。不难得出，$0 < P' \leq P < 1$，$P$ 和 P' 是最高和最低的长期消费率。换句话说，P 和 P' 分别是累计消费率的上界和下界。与 $\alpha_t - \beta_t \to 0$ 的情形比较，经济系统对于供求失衡仍

然是敏感的，或者说供求协调机制对于消费率偏离最优状态仍然是敏感的，供求失衡一旦达到一定的程度，就会被市场机制校正，但矫枉过正，波动的幅度没有缩小的趋势。这就是非同步发展的情形。尽管如此，只要消费增长率与经济增长率比较接近，市场的负反馈机制的制衡作用仍然会使得经济增长的波动是可控的，供求均衡轨道成为上下波动的中心，也就是说，市场机制能够控制供求失衡的幅度。这是经济增长的常态。但如果消费增长率与经济增长率相差较大，交替占优则意味着市场的负反馈机制失效，即市场对较大的偏离才能做出反应，这就是供求发展不太协调的情况，或者是供求呼应不顺畅的表现。把较大的偏离拉回正轨要付出很高的代价，如果这成为常态，经济增长的效益必然很低，也是不可持续的。这就从理论上说明了消费与经济同步增长对于经济可持续稳步增长具有重要意义。严格意义上的同步增长是理性情形，但尽可能小的波动，即消费增速与经济增速越接近，越有利于经济的可持续和稳定的发展。

现在考虑一般情形。即 $\sum_{t=1}^{\infty} \log \frac{1+\alpha_t}{1+\beta_t}$ 不是交错级数，但适当地加上括号后是交错级数，也就是说，把所有连续为正的若干项加括号变成一个"单项"（为零的项视为正），把所有连续为负的若干项加括号变成一个"单项"，这样加括号后的级数就变成了交错级数。具体来说就是

$$\sum_{t=1}^{\infty} \log \frac{1+\alpha_t}{1+\beta_t} = \sum_{i=1}^{\infty} \sum_{t=t_{i-1}}^{t_i} \log \frac{1+\alpha_t}{1+\beta_t} = \sum_{i=1}^{\infty} \sum_{t=t_{i-1}}^{t_i} [\log(1+\alpha_{t_i}) - \log(1+\beta_{t_i})]$$

其中，$t_0 = 1$，$Q_i = \sum_{t=t_{i-1}}^{t_i} [\log(1+\alpha_t) - \log(1+\beta_t)]$ 的每一项保持相同的符号，Q_i 与 Q_{i+1} 的符号相反，为零的项视为"正"。

继续采用记号 $P_n = \sum_{t=1}^{n} \log \frac{1+\alpha_t}{1+\beta_t}$，保持 P 和 P' 的意义。为了更好地说明问题，令 $S_n = \sum_{i=1}^{n} Q_i$，设 S、S' 分别是序列 $\{S_n\}$ 最大和最小的部分极限，则不难证明，$S = P$，$S' = P'$，即 S、S' 分别等于最高和最低的累计

第十章 实现消费与经济的同步增长

消费率。事实上，级数 $\sum_{t=1}^{\infty} \log \frac{1+\alpha_t}{1+\beta_t}$ 收敛的充分必要条件是 $\sum_{t=1}^{\infty} Q_i$ 收敛。由于 $\sum_{t=1}^{\infty} Q_i$ 是交错级数，它的分析比原级数更方便。已经知道，如果 $S = S'$，则级数 $\sum_{t=1}^{\infty} \log \frac{1+\alpha_t}{1+\beta_t}$ 收敛，这仍然是同步增长的情形。如果 $S' < S$，则累计消费率介于 S' 与 S 之间。在外部环境和技术条件给定的情况下，理想状况是最优消费率得以实现。这里我们关注的不是最优的标准，而是最优消费率的实现条件是什么。实现最优消费率，意味着级数 $\sum_{t=1}^{\infty} \log \frac{1+\alpha_t}{1+\beta_t}$ 收敛，其充分必要条件是 $P' = P(S' = S)$，此时 $\alpha_t - \beta_t \to 0$ ($t \to \infty$)，这是同步增长的情形。如前所述，在现实经济中，同步增长是理想状况，是最优状况，是难以实现的。次优的状况是消费率在最优消费率的上下波动，波动的幅度较小。用波动幅度便可测度不同步的程度。

对于交错级数 $\sum_{i=1}^{\infty} Q_i$ 来说，与 $Q_i < 0$ 对应的是若干连续周期内消费增长率低于投资增长率，与 $Q_i \geq 0$ 对应的是若干连续周期内消费增长率高于（或等于）投资增长率。类似于前面的讨论，可以证明，在封闭经济条件下，如果经济增长率连续高于消费增长率，则相应的投资增长率必然连续高于消费增长率；反之，相应的投资增长率必然连续低于消费增长率。记 $Q_u = \limsup_{n \to \infty} \{Q_n : Q_n \geq 0\}$，$Q_d = \limsup_{n \to \infty} \{|Q_n| : Q_n < 0\}$。由此得出的结论是，消费增长率连续超过投资增长率时，系统才能做出反向调整，消费增长率连续超过投资增长率的累计值最大可达 Q_u；接下来的一段时间内投资增长率连续超过消费增长率后，系统才能做出反向调整，投资增长率超过消费增长率的累计幅度最大可达 Q_d。如果 $Q_i > 0$（<0），则消费率连续提升（下降），$|Q_i|$ 的值是经济系统反向调整的阈值，即消费率连续上升或下降后开始反向调整，投资率与消费率的增长率的大小发生反转。$|Q_i|$ 越大，则消费率连续上升或下降的幅度更大，这表明在本周期或上周期的消费率偏离最优状态的幅度更大，偏离

发生后，把系统拉回正轨需要付出成本，偏离越大，成本越高。这再次说明了消费与经济同步增长的意义。由于严格意义上的同步仅仅是理想状态，我们转而追求的目标是尽可能减少消费与经济增长不同步的程度，或者说提升同步增长的程度。$\sum_{i=m}^{n}|Q_i|$ 测度了一个时期内消费与经济增长不同步程度的累计值，在比较长的周期内，$\sum_{t=m}^{n}\left|\log\dfrac{1+\alpha_t}{1+\beta_t}\right|$ 的测度有类似的效果。

第三节 中国消费与经济同步增长的现状分析

一 纵向比较

中国消费与经济同步增长的基本情况，可以通过纵向考察获得初步了解。图 10-1 展示了 1953~2018 年中国经济增长速度与消费增长速度的变动趋势。由图 10-1 可见，中国的消费增长速度大多数时候慢于经济增长速度，速度差比较明显，消费增长速度快于经济增长速度的时间段内，速度差较小。这也是我国消费率长期偏低的原因。但 2011 年之后，情况发生了变化，消费增长速度与经济增长速度比较接近，同步增长有所好转。

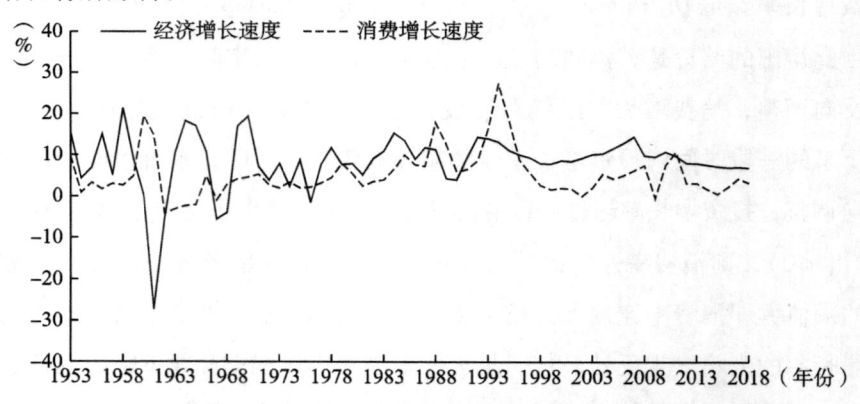

图 10-1 1953~2018 年中国经济增长速度与消费增长速度变动趋势

二 横向比较

图 10-2 展现了 1953~2013 年中美德法英日六国经济与消费速度差的变动趋势。由图 10-2 可见，经济增长速度与消费增长速度之差在 0 的上下波动，处于不稳定状态。这说明，严格意义上的同步增长是难以实现的，也说明供求调节是有滞后的。

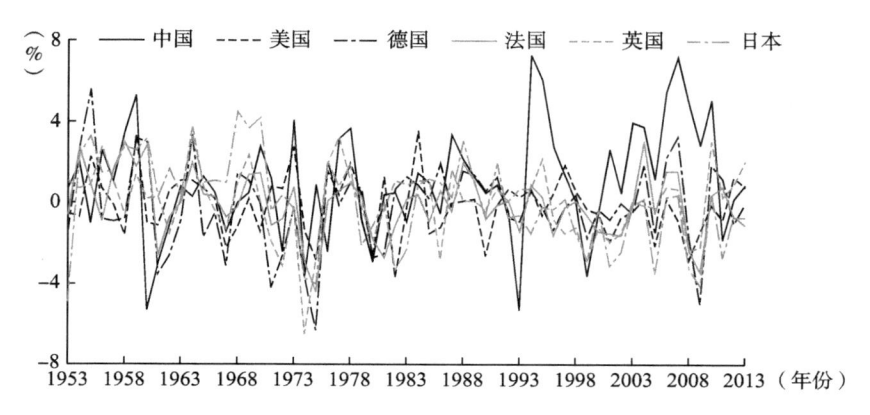

图 10-2　1953~2013 年六国经济与消费速度差变动趋势

一个合理的解释是，在社会大分工体系下，生产部门与消费部门的分离使得两个部门之间的沟通与呼应存在误差与滞后。原因之一是，资源配置都依赖市场调节，而市场本身具有不可避免的滞后性，信息在不同部门和经济主体之间传递的过程中存在时差和失真等问题，这就使得短期内供求关系对生产行为及消费行为的调节不够敏锐和精确；原因之二是，突发的随机事件会对经济体的行为造成短期冲击，由于这种冲击并非源于经济系统内部，在承受冲击的过程中各个部门的反应很难迅速做到统一，从而导致差异。但不论是市场因素还是随机事件带来的冲击都只是短期因素，会随着时间跨度的延长而逐渐消逝。图 10-2 所展现的一个基本事实是，与其他发达国家相比，中国消费与经济增长不同步的程度是较大的，或者说，同步增长方面存在较大差距。

直观上来看，两条增速曲线所围成的面积说明了消费与经济增长失衡的程度，面积越大，不同步的程度越大。我们用两条曲线所围图形的面积的倒数来表示消费与经济增长不同步的程度。因为所求面积与时间跨度是正相关的，为了能够比较经济体在不同时间跨度的时间段内同步程度的差异，用面积的倒数除以时间跨度从而求得经济体在某一时间段内的平均同步程度。用 TB 表示同步程度，通过计算得出，1953～2014 年中美德法英日六国的 TB 分别是 0.5136、1.0638、0.7694、1.0019、0.8462 和 0.6569。这进一步显示出，中国消费与经济增长的同步程度落后于其他发达国家。这是基于平均值的比较。为了从变化趋势上进行比较，并消除短期波动因素，可以使用移动平均法计算不同步的程度。我们分别以 3 年和 5 年为一个基准期，计算每一个基准期消费与经济二者的增速差，结果如图 10 - 3 和图 10 - 4 所示。

图 10 - 3　1954～2011 年六国同步程度波动趋势（3 年为一个基准期）

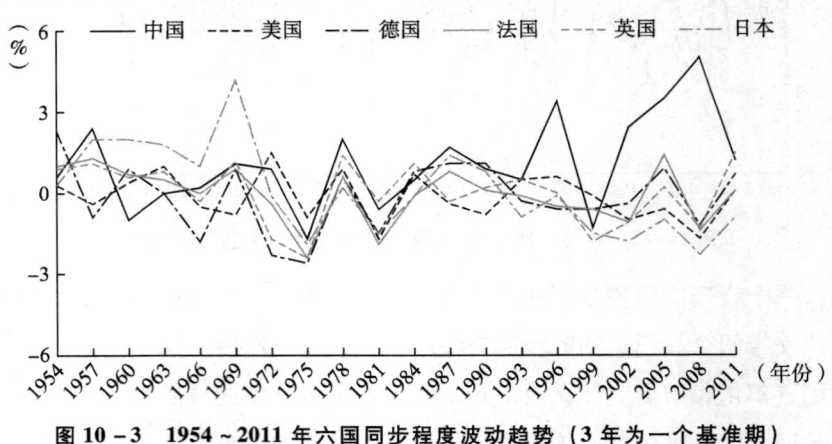

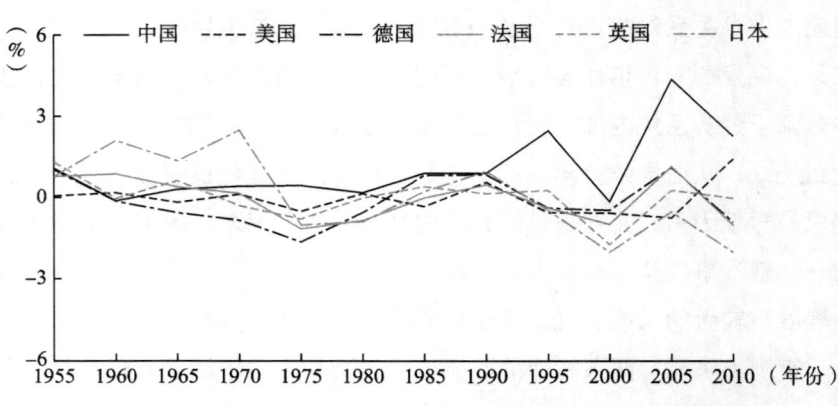

图 10 - 4　1955～2010 年六国同步程度波动趋势（5 年为一个基准期）

消除短期波动后，相比于图 10-1 与图 10-2 中的每一个国家的速度差的波动幅度都有明显的下降，图 10-3 中的每一个国家的速度差变动则更加平缓。一方面，这证明了短期因素对同步程度的影响确实存在；另一方面，通过对比图 10-1、图 10-2 和图 10-3，经济增长与消费增长的速度差的波动区间会随着基准期的延长而缩小。以 1 年为单位的纵向考察能比较准确地观察到消费与经济增长不同步的情况，但也包含了短期冲击的影响，选择较长周期时，消除了短期冲击的影响，但也漏掉了一部分系统本身固有的消费与经济的不同步信息，或者说，低估了经济系统不同步的程度。

第四节 收入与经济同步增长对消费与经济同步增长的影响

图 10-5 展示了经济与消费增速差、经济与收入增速差的变化趋势，可以看出两者变化趋势基本相同，甚至在 1960~1964 年、1970~1977 年和 1985~1992 年三个区间内一度呈现出基本重合的趋势，变化程度高度相同；1978~2000 年两者的变动基本呈现同步的趋势，在 2000 年以后，两者的变化趋势相较于之前有较大的差别，但从整体上来说，还是呈现了基本相同的趋势。

图 10-6 是两者差值的拟合图，可以看出两个差值构成的点基本上紧密分布在拟合直线上下两侧。用经济增速与消费增速差作为被解释变量，经济增速与收入增速差作为解释变量，回归分析表明，后者对前者有显著影响，这是一个自然的结果。

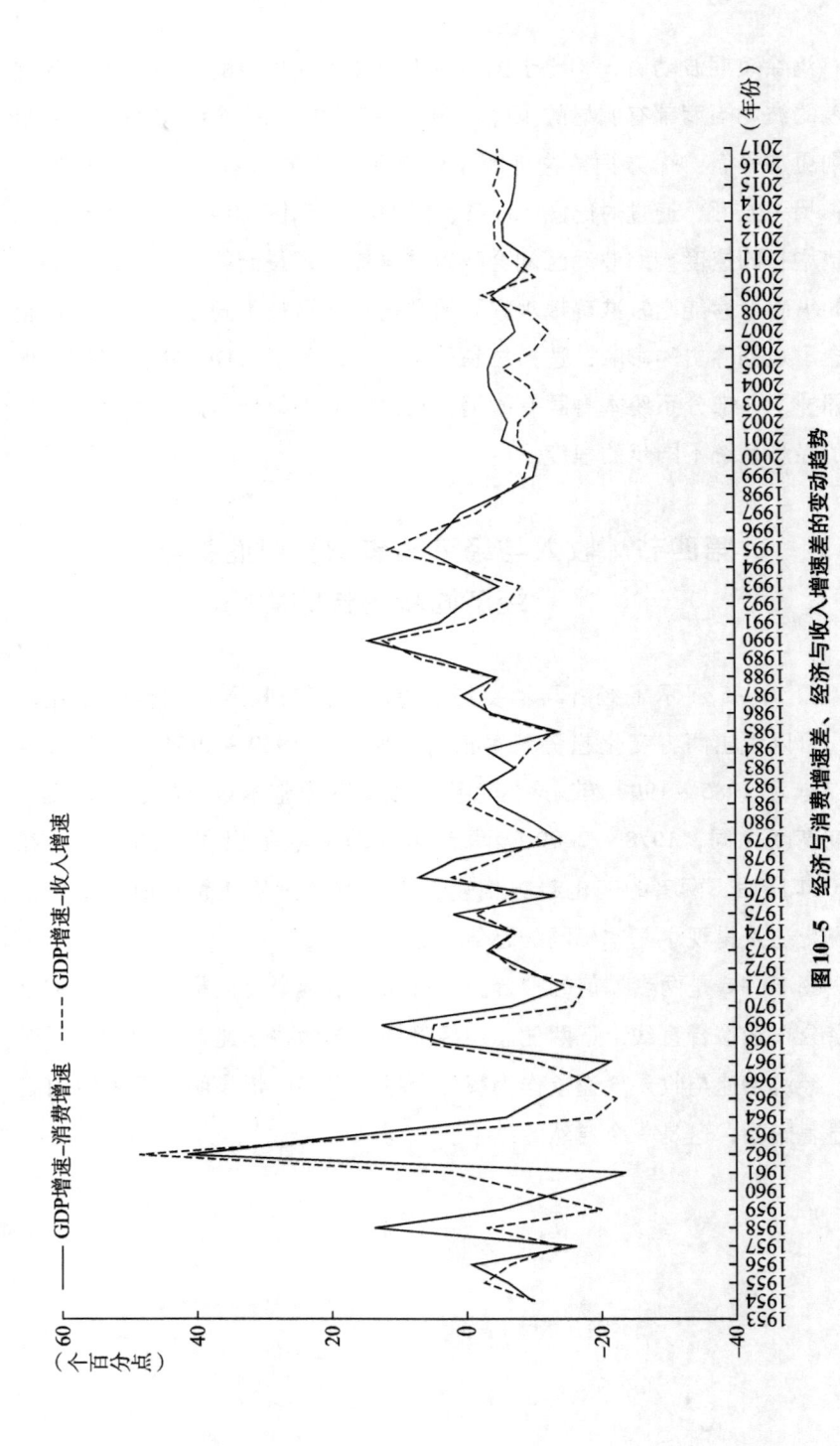

图10-5 经济与消费增速差、经济与收入增速差的变动趋势

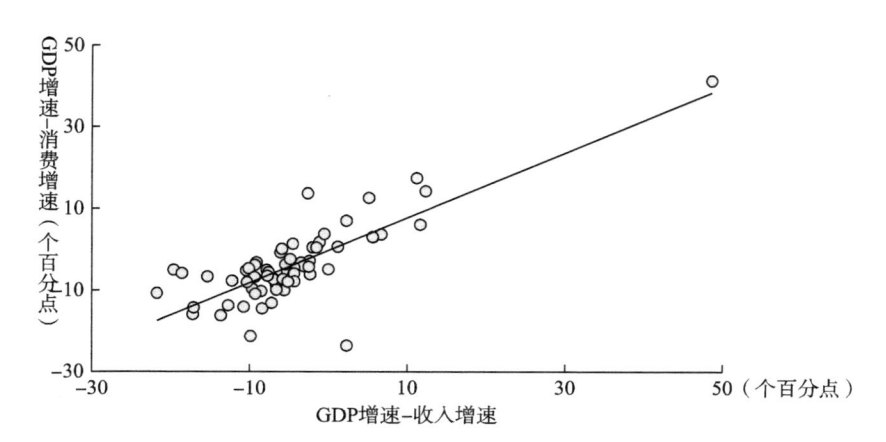

图 10-6　经济与消费增速差和经济与收入增速差拟合图

第五节　结论：收入分配是消费与经济同步增长的关键

由以上的分析可以得出结论：消费与经济是否同步增长在很大程度上取决于收入与经济是否同步增长，且两者的同步程度是正相关的。收入与经济同步增长的重要性进一步印证了本课题提出的动力机制：生产与消费相互制约、相互支撑、相互推动的循环往复运动构成了经济增长的动力，收入分配作为联结生产与消费机制的枢纽，构成了动力的支撑。也就是说，收入分配对于生产与消费的协调发展是至关重要的。正如第一章所指出的，经济增长的本质是生产并分享更多更好的产品，而收入分配决定了人民能否共同分享经济发展的成果，从而关系到经济增长的可持续性，关系到供求的协调发展。

第四篇

收入分配制度改革与中国经济增长动力重构

本篇从动力重构的视角，分析了供给侧结构性改革对于中国经济回归内涵式发展的重要意义，分析了消费在经济增长中的地位和作用，以及坚持消费需求导向对供给侧结构性改革的引领作用。提出了以收入分配制度改革推动供给侧结构性改革从而实现中国经济增长转型升级的思考和对策建议。一个重要的见解是，按劳分配原则是"激励"与"共享"的最佳结合，落实按劳分配的主体地位是理顺供求联动机制、增强中国经济增长内生动力、实现中国经济转型发展的关键。

第十一章 中国经济增长动力机制的诊断

根据第一章关于经济增长动力的分析，通过收入分配的关联，有效供给与有效需求之间相互支撑、相互制约、相互推动的循环往复运动构成了经济增长的动力。于是，我们从供求发展现状来分析中国经济增长的动力机制存在的问题。

第一节 消费需求导向的缺失

有效供给与有效需求构成矛盾的对立统一体。如果说供给与需求在收入分配制约下的联动发展构成经济增长的动力机制，那么孤立地研究供给问题或需求问题都是片面的。中国当前的消费需求不足并非孤立的消费需求问题，而往往表现为供给过剩与有效供给不足并存，直接原因就是缺少消费需求的导向作用。例如，在钢铁行业，2015年我国钢材产量为11.23亿吨，占世界产量的50%以上，其出口钢材量为11240万吨[1]，但是出口的钢材均为低端钢材（如粗钢等），多种特种钢材（如合金钢、碳素结构钢等）仍然需要从国外进口以满足消费需求。在电解铝行业，2016年原铝（电解铝）产量为3272万吨，占世界总产量的56%，但是铝加工量仅为44.4万吨，铝精深加工工业的比重偏低；与

---

[1] 数据来源于国家统计局。

此同时，我国铝企生产的铝产品在世界市场上还处于低端地位，但我国消费者对高端产品（如高强度、耐腐蚀超硬铝合金等）的需求需要从国外进口才能满足。

分析钢铁、电解铝等行业供给过剩的原因，我们认为是由于这些行业有比较明显的计划经济的烙印，"按计划生产"的模式没有发生根本的改变，消费者的意愿与需求没有得到应有的重视，本质上就是消费需求的导向作用没有体现出来。这就导致了低端产品的供给过剩和优质、多样化的高端消费品的供给不足，以至于低端产品供大于求，同时又需要进口满足消费需求的高端产品，供需不匹配在所难免。此外，由于调控政策具有相对的滞后性，故在政府政策激励下的部分产业会出现产能过剩，这实际上也是生产计划背离消费需求的体现，消费需求导向的缺失是根本的原因。

教育、医疗、养老等服务领域也存在类似的问题，供求矛盾十分突出。例如，我国高等教育的供给与需求是在政府公共政策的导向下产生的，并不是市场机制自发调节的结果。尽管招生规模扩大的速度很快，但我国近几年留学规模的急剧上升表明我国高等教育结构已很难满足各种类别和不同层次的需求，特别是高端需求。2016年我国出国留学人员为54.45万人，比2012年增长14.49万人，① 这说明越来越多的中国家庭开始寻求国外的高等教育，出现了比较严重的教育服务外流。与此同时，低端教育供给过剩的信号已有显示。医疗服务的供需矛盾表现得更加突出，受到的诟病也更多。随着经济发展水平的提升和人口结构的演变，养老服务领域的供需矛盾也开始凸显。我们看到，教育、医疗等领域的运作仍有很明显的计划经济思维模式，尚未形成需求导向的理念。

第二节 创新能力与创新动力不足

中国目前供给过剩与供给不足并存的现象揭示了一个基本的事实，

---

① 数据来源于教育部网站。

即供给侧响应消费需求的能力不足。任何特定的产品都可能出现饱和，在资源的约束下为了不断满足消费需求，企业创新能力和创新动力尤为关键，技术创新是经济增长永恒的主题。但中国的现实是，由于缺少对技术创新的激励，很多企业为了减少成本，减少对新技术、新产品的研发，产业结构调整滞后于经济发展水平，有效供给不足导致一部分消费需求流失。消费需求流失最突出的表现，就是海外旅游购物。随着旅游刚需时代的到来，中国消费者在国外旅游的同时，表现出强大的购买力。据世界旅游城市联合会报告可知，2015年我国游客境外消费总额高达2150亿美元，占当年全球海外旅游消费的17%；2016年春节期间，中国有600万人选择出国过春节，他们在境外消费高达900亿元人民币。我国境外旅游的消费者热衷于购买儿童感冒药、丝袜、指甲钳、保温杯、电动牙刷、钢笔等日常用品。究其原因，还是供给侧的问题。第一，国内旅游景点虽多，但由于一直存在不合理的低价游顽疾，节日期间景点周边地区物价疯涨，景点基础设施不完善，以及个别导游坑蒙拐骗和威胁游客等不和谐因素，因此部分有较强经济能力的消费者更愿意选择海外游；第二，国外（如美国和日本）的很多日常消费品低价高质，而国内同类产品质量较差但价格并不低，且商家往往不愿意给消费者售后承诺。

大规模消费需求的流失伴随着产能过剩，说明有效供给不足，企业的创新能力和动力不够，深层次的原因是缺少对技术创新的激励机制。

第三节 供求联动的响应机制效率低下

按照我们的动力观，供求的循环往复运动构成经济增长的动力。以此推论，经济可持续发展的关键是有效供给与有效需求的协调发展与动态平衡。在这样的视角下考察世界经济的发展历程与中国经济的现状，能够得到更多的启示。

纵观世界经济的发展历程，供给主导与需求主导在世界经济增长的舞台上轮番交替。19世纪初，以萨伊为代表的古典经济学派认为"生产给产品创造需求"（萨伊，2010，第152页），看似"离奇"的结论，在供不应求的年代，却是自然的结论，因为我们观察到的实际结果是供求相等。况且，萨伊的本意是"A产品的生产为B产品创造需求"（萨伊，2010，第154页），要点在于，他认为解决需求不足的问题要从生产（结构）入手。萨伊（2010，第155页）的隐含前提是生产对需求的响应机制是高度灵敏的，货币是绝对中性的。① 随着工业革命推动生产力的迅速发展，物资匮乏的时代渐行渐远，"供给创造需求"受到越来越多的质疑。20世纪30年代的资本主义经济危机推动了人们对传统经济理论的思考，凯恩斯首先提出对萨伊定律的批判，他认为商品总需求的减少是经济衰退的主要原因。不论凯恩斯的推断正确与否，生产过剩的确是客观现实，消费需求对生产失去响应。如果我们回到经济增长的本质"生产更多更好的产品并共同分享"，问题的实质其实是分享的问题，不能分享供求就不能匹配，生产与消费就不可能持续发展。换句话说，就是收入分配的问题，它导致供求之间的响应机制失灵。但是，直到20世纪70年代，面对高物价和高失业率并存的滞胀，凯恩斯主义的"有效需求"理论显得无所适从，不但不能为这一经济现象提出合理的解释，也不能提出解决滞胀的有效措施。这在客观上促成了供给主导理念的回归。供给学派的主张得到了里根政府的重视，依靠市场机制、减税、鼓励生产和储蓄等政策，使美国走出了滞胀的泥潭。但这不是终点，争论仍在继续，里根经济政策的一些负面影响使人怀疑它实施的范围与效果。以上的分析表明，不论是需求管理还是供给侧管理，要解决的其实都是生产与消费的协调发展问题，即实现供求的匹配与动态平衡。

对于中国而言，1998年经历了亚洲金融危机，政策上由从紧的调

---

① 此外，他同样急于把出卖产品所得的货币花去，因为货币的价值易于毁灭。

控变为积极的经济政策。1998年财政部发行1000亿元专项国债[①],筹措商业银行1000亿元贷款,投资基础设施建设;下调存款准备金率,一连九次降低银行利率[②],以刺激消费从而拉动内需。这期间的政策主基调是积极的财政政策并坚持以需求管理为主导。十年后的2008年,受美国次贷危机的影响,各国相继出台侧重需求侧的政策。美国、欧洲、日本等纷纷出台一系列的经济刺激方案,在此背景下,中国政府采取了一些措施。这些措施在当时看来取得了一定的效果,但其效果也受到一定的质疑。至少我们看到,需求管理的效果远远低于预期。我们认为,供给侧结构性改革也是在需求管理政策边际效应逐步下降后的战略转变,这一转变意味着我们对"需求不足"的本质有了更深刻的理解。当前中国正处于"三期叠加"的特殊时期,经济增长速度进入换挡期,经济增长速度由2008年的9%下降到2016年的6.7%,同时目前也是前期刺激政策的消化期,是化解多年来积累的深层次矛盾的必经阶段。中国经济进入了"中高速、优结构、新动力、多挑战"的"新常态"。在这一阶段,总需求不足、产能过剩、消费外流等问题突出,简单地说,就是生产与消费失衡,供给与需求错配,这样的背景下经济下行具有一定的必然性。

中国当前的经济发展现状表明,中国经济增长的动力机制难以继续支撑可持续的中高速增长。无论如何,如果当供求发展失衡时需要依靠强刺激解决问题,这本身就说明我国供给与需求之间的响应机制被阻断。要重构动力机制,关键是通过收入分配制度的改革使其发挥激励创新和激发消费的作用,成为联结供求的枢纽,同时通过制度创新降低急剧上升的"体制成本",提高供求之间的响应机制的效率。这是供给侧结构性改革的核心内容。

---

① 财政部于1998年9月发行1000亿元国债,专项用于国民经济与社会发展急需的基础设施投入。
② 为刺激投资,央行双管齐下,一方面,下调存款准备金率,仅1998年一年就下调了5个百分点,从13%降至8%;另一方面,从1998年至2003年,降低银行利率,利率一连降了九次。

第十二章 以供给侧结构性改革促进中国经济回归内涵式发展

第一节 供给侧结构性改革蕴含新的经济增长动力观

2015年底，习近平总书记在中央经济工作会议上首次提出供给侧结构性改革问题。会议要求在适度扩大总需求的同时，着力加强供给侧结构性改革，着力提高供给体系质量和效率，增强经济持续增长动力，推动中国社会生产力水平以实现整体跃升。2016年初中央财经领导小组第十二次会议进一步研究供给侧结构性改革方案，明确提出"三去一降一补"，从生产领域加强优质供给，减少无效供给，扩大有效供给，提高供给结构适应性和灵活性，提高全要素生产率，使供给体系更好地适应需求结构变化。至此，供给侧结构性改革已成为国家重要发展战略。

供给侧结构性改革是在产能过剩、需求不足、经济结构失衡的背景下提出的，也是在需求管理政策边际效应逐步下降后的战略转变，这一转变意味着我们对"需求不足"的本质有了更深刻的理解。关键是，以往学术界或官方文件提到经济增长动力，一般都是指向单个经济变量如投资、消费或某个特定的生产要素，当前促进"供需动态平衡"和"有效供给"的举国战略说明政府形成了新的经济增长动力观。即单个变量或要素不能成为动力，多个要素的相互作用才能形成动力。中国经济的长期实践也表明,过度依赖投资的经济增长是不可持续的,片面的需求管理也难以解决生产环节的问题。事实上,中国改革开放以来的经济快速发展正是通过生产力的解放与进步来实现的,本质上是供给侧响应消费需求能力的提升换来了中国经济的成就(龚志民、张振环,2017)。也就是说,中国的实践本身印证了本书对动力机制的界定:供求之间相互支撑、相互制约、相互推动的循环往复运动构成了经济增长的动力机制。马克思对生产与消费关系的辩证分析"生产决定消费、消费对生产有反作用"说明,生产是经济增长动力的主要矛盾,或者说是经济增长动力的一个关键环节。根据官方文件的一系列表述可以看出,提出供给侧结构性改革的出发点是通过修复经济增长动力的关键节点,或者抓住生产这一经济增长动力的主要矛盾,来重构中国经济增长的动力。

"产能过剩、需求不足"不是孤立的需求问题,而是全局性的问题。"供求协调发展"才是解决问题的根本途径,这是"供给侧结构性改革"所蕴含的科学的动力观①。

第二节 供给侧结构性改革的逻辑与内涵

用长镜头看人类的历史,生存和发展是基本法则。消费是生存和发展的本能,或者说是人类的基本技能,所有的消费需求都要以生产为基础,这是供给侧结构性改革的逻辑。"真正的财富来自生产和供给,而非贸易盈余所获得的金条",斯密(2001)这一朴素的认识,道出了经济增长的本质,也说明了经济增长的主要矛盾在于生产或供给。马克思虽然没有直接使用供给侧的概念,但他对生产与消费的关系的辩证分析

---

① 中国共产党十九大报告中提出"完善促进消费的体制机制,增强消费对经济发展的基础性作用。深化投融资体制改革,发挥投资对优化供给结构的关键性作用",这一表述足以说明政府对动力的认识已从单方面的生产或消费转变为生产与消费的联动发展。

具有穿越时空的洞察力,"生产决定消费,消费对生产具有反作用"的论断明确地说明了生产的决定性作用。

对于供给侧结构性改革的目标,中共十九大报告有十分明确的阐述,"把发展经济的着力点放在实体经济上,把提高供给体系质量作为主攻方向","扩大优质增量供给,实现供需动态平衡","以供给侧结构性改革为主线,推动经济发展质量变革、效率变革、动力变革"。简单地说,就是提高有效供给能力,即供给侧响应消费需求的能力。就本书提出的"供求联动机制"的概念来说,经济增长动力的本质是不变的,不断变化的是经济增长的内容和形式,这是人类不断追求"生存、生活、更好的生活"的必然结果,因此经济增长转型升级是经济增长永恒的主题。从这个意义上说,供给侧结构性改革的要义是实现中国经济转型升级常态化,如果把这称为"动力变革",那么"动力变革"的关键仍然是收入分配制度的变革,因为收入分配作为联结供求的枢纽,是经济增长的动力支撑。

简而言之,供给侧结构性改革的内涵是,通过以收入分配制度改革为核心的制度创新,激励创新激发消费,提升供给侧响应消费需求的能力,实现生产与消费的协调发展与动态平衡。

第三节 以消费需求导向引领供给侧结构性改革

自从供给侧结构性改革提出以来,学术界的研究几乎一边倒向供给侧,甚至有否定需求的导向作用的错误认识。实际上,把消费需求作为经济增长动力的一个节点,比把它作为三大动力(投资、消费、净出口)之一,提升而不是弱化了消费需求的作用。动力的一个节点出现问题,动力体系便不能正常运转。如果没有消费需求的导向作用,供给的有效性根本无法评判。另外,以上的分析表明,供给侧结构性改革的核心目标是,通过结构调整使供给体系适应需求结构的变化,是为了更好地与消费需求相呼应。

第十二章　以供给侧结构性改革促进中国经济回归内涵式发展

一　坚持消费需求导向有助于更好地把握经济增长的宗旨

詹姆斯·穆勒曾说过："生产、分配、交换只是手段，谁也不为生产而生产，所有这一切都是中间、中介的活动，目的是消费"，为了实现消费的最大化，生产、分配和交换都应该围绕着消费进行。根据马克思一再被证实的观点，"生产决定消费"，生产是主要矛盾，但生产因消费而存在，"没有需要，就没有生产"。所以，经济增长的根本目的就是满足消费者日益增长的消费需求，没有消费需求的导向作用，经济增长便失去动力和方向，反之，坚持消费需求导向，才能体现经济增长的宗旨，最大限度地实现经济增长的效益。

二　坚持消费需求导向是优化资源配置的基本前提

"使市场在资源配置中起决定性作用"，是中国改革开放以来经济发展的经验总结，市场配置资源的基本前提是坚持消费需求导向。直观上说，优化资源配置就是使资源流动的方向与消费者需求意愿保持一致，其表现就是生产要素的报酬获得最大值，这正是市场机制的逻辑：为消费者提供优质产品和服务是获得最高收益的唯一途径。这样才能促使和鼓励企业为消费者提供尽可能多和尽可能好的产品与服务。所以，优化资源配置就必须依靠市场机制，必须坚持消费需求导向。

中国的经济实践也证明了坚持消费需求导向对于资源配置的重要性。中国当前之所以出现产能过剩与有效供给不足并存的现象，一个重要的原因就是消费需求导向的缺失，是因为供给侧没有贯彻经济增长的宗旨，阻断了消费需求的传导机制。当生产的商品与服务不能满足消费者需求时，就会产生过剩，如钢铁、平行玻璃、水泥等一些落后产能的过剩，就会造成资源浪费。此外，如果失去消费需求的导向作用，企业便缺乏创新的动力，失去向需要的消费者提供多元化、高质量产品的积极性。

三 坚持消费需求导向有助于强化供求联动机制

如前所述,供给与需求通过收入分配的联结实现了相互支撑、相互制约、相互推动的循环往复运动,构成了经济增长的动力机制。收入分配构成动力支撑:通过资源配置和激励机制影响生产,其分配结果形成购买力分布从而影响消费需求。经济增长的效率本质上取决于在资源约束下全社会为消费者提供的产品的数量与质量,作为经济增长的动力支撑,收入分配制度能否发挥优化资源配置功能和激励创新的作用,关键取决于它能否鼓励和引导企业为消费者提供优质产品。所以,坚持消费需求导向有利于强化收入分配的枢纽作用,降低"体制成本",从而提高收入分配配置资源的效率,强化供求联动的动力机制。

四 坚持消费需求导向是供给侧结构性改革的应有之义

习近平总书记在2017年10月18日中国共产党第十九次全国代表大会上,提出"深化供给侧结构性改革",明确指出"必须把发展经济的着力点放在实体经济上,把提高供给体系质量作为主攻方向",这进一步说明供给侧结构性改革的出发点是回归经济增长的本质,更好地满足人民日益增长的美好生活需要。由此可见,坚持消费需求导向是供给侧结构性改革的内在要求,也是有效供给与有效需求协调发展的重要前提。事实上,如果没有消费需求导向,供给的有效性根本无从谈起,也无法验证。所以,坚持消费需求导向是供给侧结构性改革的应有之义,推进供给侧结构性改革将强化而不是削弱消费需求的导向作用。

第十三章 以收入分配制度改革重构中国经济增长的动力机制

对中国经济发展造成长期困扰的"产能过剩、需求不足"问题，实质上就是经济增长的动力问题。前面的分析表明，只有把消费与生产联系起来考察，才能准确地把握经济增长动力的内涵。也只有这样，才能洞察中国经济长期可持续发展的动力源泉，探寻"高质量发展、共享发展、消费与经济同步发展、供求协调发展"的根本途径。

前面的讨论对动力机制赋予了明确的内涵：供给与需求是矛盾统一体，它们通过收入分配的联结实现了相互支撑、相互制约、相互推动的循环往复运动，构成了经济增长的动力或动力机制。

第一节 推进收入分配制度改革，理顺供求联动机制

中共十九大报告指出："我国经济已由高速增长阶段转向高质量发展阶段，正处在转变发展方式、优化经济结构、转换增长动力的攻关期……必须坚持质量第一、效益优先，以供给侧结构性改革为主线，推动经济发展质量变革、效率变革、动力变革，提高全要素生产率"。这里所言的"转换增长动力"或"动力变革"，就是从投资驱动型经济增长方式向内涵式发展方式转变，即更多地依靠技术进步拉动经济增长。用我们提出的概念来表达，就是让技术进步成为供求联动机制或经济增长动力机制的有机组成部分。

一 中国经济增长动力转换的本质

中国多年的高速经济增长已经解决了人民的温饱问题，人民生活总体上已达到小康水平，我国经济已由高速增长阶段转向高质量发展阶段，经济增长的内容和形式也将随之变化。这是一个必然的过程。随着生产力的发展，任何特定的消费都会达到饱和（尤其是生存性消费），质量更高、内容更丰富的消费又会成为新的追求。如果"生存、生活、更好的生活"是人类不变的追求，那么为消费者生产更多、更好、更丰富的产品就是经济增长永恒的宗旨。所以，动力转换的实质是，当经济增长的内容和形式发生变化之后对供给侧的生产能力提出了新的要求。在资源约束下，提升供给侧响应消费需求的能力取决于技术进步，表现为产业结构与消费结构的同步发展与经济结构优化。所以，技术创新与经济结构转型升级是经济增长永恒的主题。中国经济增长动力转换，首先是发展方式的转变，即实现粗放型发展模式向集约型发展模式的转变，其本质是推动供给结构的调整与升级以适应经济发展所导致的需求结构的变迁。这就要求技术进步成为内生动力，所以，中国经济增长动力转换的内涵就是以技术进步提升供给侧响应消费需求的能力，实现产业结构与消费结构的同步升级和经济结构的优化。从长远来看，经济增长的内容与形式是不断变化的，不变的是动力的本质：生产与消费的循环往复运动。但该运动是螺旋式上升的过程，必须以技术进步为支撑，但技术进步不是无中生有，需要有强大的激励机制以促进人力资源潜力的释放与科技创新的发展。合理的分享才能激发生产的积极性，所以创新激励来源于收入分配，它是实现供求协调发展、产业结构与需求结构动态匹配的枢纽。所以，动力转换就是以技术进步应对经济增长的内容和形式的变化，从而提升人民的生活水平与质量。

二 以收入分配制度改革理顺供求联动机制

根据前面的分析，收入分配之所以成为联结有效供给和有效需求的

第十三章　以收入分配制度改革重构中国经济增长的动力机制

枢纽，或联结生产和消费的枢纽，是因为收入分配的资源配置功能和激励效应影响生产，分配结果又关乎社会总消费。作为联结供求的节点，理想的状况是，收入分配既能激励生产又能激发消费。通俗地说，"生产更多更好的产品以增进国民福祉"的可持续性取决于社会的生产能力和全社会能否合理分享成果。所以，理顺供求联动机制，简单地概括就是，以收入分配激励生产、激发消费、共享成果。

前面的理论分析已经阐明收入分配对经济增长的支撑作用，经验分析进一步说明了收入分配对于经济可持续发展的重要性。因此，实现中国经济增长动力转换的关键是收入分配制度改革，在目前中国劳动收入占比偏低的情况下，提高劳动收入占比是收入分配制度改革的重要内容之一。现阶段，中国经济进入新常态，处于跨越"中等收入陷阱"的关键阶段，突破发展瓶颈必须依靠经济发展方式的转型升级来实现，其关键是通过供给侧结构性改革，促进人力资源潜力的释放与科技创新的发展。解放和发展生产力需要强大的激励和资源配置的优化，也就是说，合理的分享才能激发生产的积极性，因此收入分配制度改革是供给侧结构性改革的核心。

正如前面所指出的，正是收入分配的激励效应和购买力效应使其成为供求联动发展的枢纽。从激励与购买力分布的角度来看，平均主义的收入分配和两极分化的收入分配都不是最优的收入分配，因为它们都不能保证持续生产（供给）"更多更好的产品"，不能保证合理共享劳动成果（消费），不能保障有效供给与有效需求之间的良性互动与协调发展。当前较大的收入差距与创新动力的不足已形成基本共识，这说明从激励和公平两个维度来看，当前的收入分配格局是不合理的，收入分配制度改革势在必行。

只有竞争才有效率，这是中国共产党十八大报告和十九大报告一再强调市场配置资源的根本原因。正是因为市场竞争，商品交换才能实现等价交换，即商品交换以社会必要劳动时间为依据，实现等价交换是优化资源配置的基础，这是市场经济条件下坚持按劳分配原则的学理依据。一方面，社会生产中起决定作用的资源是劳动力，对劳动力最大的激励是实现按劳分配；另一方面，按劳分配使得收入服从正态分布，并避免财富分布的马太效应，这有利于构建庞大的中产阶级，实现有效需求与有效供给的匹配与协调发展。

第二节 坚持按劳分配原则，提升中国经济增长内生动力

如前所述，动力转换就是以技术进步应对经济增长的内容和形式的变化以及质量的提升，是提升内生动力的同义语。但技术进步是经济发展过程中的内生变量，是经济主体在利益刺激下所做决策的结果，归根结底来源于收入分配制度的激励。科技创新作为复杂性劳动，尤其需要激励。另外，按劳分配又是保持合理收入分配格局、实现经济发展成果共享的重要制度安排。所以，按劳分配是对公平与效率的兼顾，是社会主义阶段实现资源配置优化的必然选择。

一 按劳分配原则是兼顾"激励"与"共享"的最佳结合点

提升中国经济内生增长动力必然要求有效供给与有效需求的协调发展，后者取决于收入分配制度的公平性与激励效应。如果我们把平均主义的收入分配和两极分化的收入分配看成两个极端，那么最优收入分配应该介于这两者之间，并且能同时避免两者的消极影响，因为过大或过小的收入差距都不利于经济的可持续发展。因此，最优收入分配至少应满足以下这些条件。首先，应该有足够的激励效应，即收入应该与贡献高度正相关，每个人都可以靠自身的努力获得满意的收入，以保证社会成员的生产积极性。其次，在这种收入分配下，中产阶级应该占主体，形成橄榄形的社会结构，此种结构是稳定的，它为经济持续增长提供稳固的基础，是"激励"与"共享"的最佳结合点。最后，收入分配制度为每一个成员提供平等的机会，充分保障各个市场主体的起点公平和

第十三章 以收入分配制度改革重构中国经济增长的动力机制

过程公平。那么，什么样的收入分配制度能够满足这些条件呢？——按劳分配制度。基于以上分析，我们认为，坚持按劳分配原则应该成为中国收入分配制度改革的指导方针，或者说，坚持按劳分配是中国收入分配制度改革进程中必须坚守的原则。首先，"坚持按劳分配原则，完善按要素分配的体制机制"是社会主义市场经济条件下实现共享发展的基本制度安排。并且，按劳分配原则保证了个人收入与其劳动成果最好的对应，对劳动者具有最大的激励。其次，按劳分配能确保在激励有效的前提下实现社会成员购买力的合理分布。在市场经济条件和按劳分配占主体地位的情况下，个人的收入是由自身的禀赋（包括个人的能力、占有的资源、家庭背景等）和个人努力决定的。按统计学的规律，社会成员的个人能力近似服从正态分布，如果个人努力水平相同，则按劳分配能保证收入近似呈现正态分布。这是最理想的收入分配格局。在此基础上，只要有完全的流动性，即使存在个人努力水平的不同，由其造成的个人收入的变动在整体上也不会改变收入分配的正态分布结构，此种收入分配结构就是最优的（靳涛和邵红伟，2016；邵红伟，2017）。

正因为如此，"按劳分配为主体、多种分配方式并存"已经成为中国基本经济制度的重要组成部分。十九届四中全会《中共中央关于坚持和完善中国特色社会主义制度—推进国家治理体系和治理能力现代化若干重大问题的决定》指出，公有制为主体、多种所有制经济共同发展，按劳分配为主体、多种分配方式并存，社会主义市场经济体制等社会主义基本经济制度，既体现了社会主义制度优越性，又同我国社会主义初级阶段社会生产力发展水平相适应，是党和人民的伟大创造。所以，按劳分配既是社会主义市场经济实现资源配置优化的重要制度安排，又是区别于资本主义市场经济制度的重要特征。坚持按劳分配原则具有双重意义。

资本主义制度下，正是"等量资本获得等量报酬"使得"等价交换"扭曲为"按生产价格交换"，劳动力配置无效率，这是资本主义制度"为资本服务"的必然结果。按劳分配是对"为资本服务"的校正。

所以，按劳分配是激励劳动的制度保障，是人尽其才的基础，是人力资源配置达到最优的前提，是中国特色社会主义制度优越性的体现。在克服资本主义制度根本缺陷的同时，我国的基本经济制度吸收了资本主义制度有益的成分，"市场在资源配置中起决定性作用"是我国基本经济制度包容性的体现。我国的实践证明，"坚持按劳分配原则"不能没有市场竞争，劳动是异质的，把异质性劳动折算成同质劳动是实现按劳分配的必然要求，这种折算必须经过市场的验证，这也是"市场在资源配置中起决定性作用"的应有之义。对劳动的市场检验意味着，按劳分配与按要素分配在社会主义初级阶段是共存的。一方面，对劳动的比较难以"一锤定音"，按劳分配就不能一步到位，劳动的部分报酬可以作为资本、专利等收入形式体现。这实际上是对劳动的折算过程，可视为按劳分配的延伸。另一方面，在社会主义初级阶段，物质财富尚未极大丰富的情况下，资本获得适当的收入也是对资本合理运用的必要激励。所以，坚持按劳分配原则既是发挥社会主义优越性的内在要求，又体现了中国国情的需要。

二 中国收入分配制度改革的核心问题

中国收入分配制度改革的基本出发点是激励创新并促进供求的协调发展，要解决的核心问题是坚持市场配置资源、确保劳动者基本权利和参与权公平的制度安排。首先，如果说按劳分配是社会主义必须坚持的基本分配制度，那么市场配置资源便是坚持按劳分配原则的前提和保障。我们所说的按劳分配并非马克思设想的共产主义初级阶段的过渡分配制度，在未来很长的时间内还不具备实施马克思的按劳分配制度的条件，这在我国早期的实践中已经被证明是不可行的。由于劳动仍是谋生的手段，加上资源的有限性，实施按劳分配制度必须有价值的参与，通俗地说就是保证劳动者所得与其劳动成果相对应，而劳动产品的价值衡量只能在市场经济条件下进行，等价交换的市场机制方能保证资源配置的有效性。所以，按劳分配能否有效实施取决于社会主义市场经济体制的构建与完善（李斌，1988）。其次，在比较完善的市场经济环境下，由于比较充分的市场竞争，普通劳动者之间的相对收入分布不妨认为是比较合理的，劳动收入与资本收入之比是整体收入分配是否合理的一个重要指标。① 但决定劳动收入与资本收入之比的关键因素是权利配置，我国劳动收入占比较低的一个根本原因是劳动者相对于资本来说往往处于弱势地位，其基本权利没有得到应有的保障。因此，坚持按劳分配原则，必须进一步完善保障劳动者基本权利的基本政治制度和经济制度。最后，最重要的资源配置是"人尽其才"，这就要求从制度上保障所有劳动者的平等参与权，打破行业垄断、地区垄断和行政垄断，实现真正意义上的按劳分配。

第三节　优化收入分配结构，构建消费与经济同步增长的体制机制（分享）

提升经济增长的内生动力②，旨在实现可持续的、有效益的、高质量的经济增长，这就必然要求供求协调发展，消费与经济同步发展，而这又以收入分配结构的优化为前提。合理的收入分配结构不仅有利于实现消费与经济同步增长，而且是实现共享发展的基本要求。

消费与经济同步增长的内涵是消费增速与经济增速相等，这是经济可持续发展的理想状况，在现实中是难以实现的。同样不能实现的是，消费增速长期大于经济增速或反过来经济增速长期大于消费增速，前者是寅吃卯粮、难以为继，后者将导致消费逐步萎缩直至经济系统停止运行③。所以，现实情况是，消费增速与经济增速的大小是交替出现的。在这样的情况下，我们可以利用消费增速曲线与经济增速曲线围成的面

---

① 我们认为资本收入其实是资本所有者的劳动收入和风险酬金，这样的话，劳动收入占比本质上是普通劳动者和资本所有者两个群体之间的劳动收入之比。
② 严格地说，面积越小，同步程度越高，反之亦反。
③ 消费增速长期大于经济增速，消费率将越来越大，乃至大于1；反过来，消费率将越来越小，乃至趋向于零。见第十一章的讨论。

积刻画消费与经济同步发展的程度。

一　合理的收入分配格局是消费平稳增长的支撑点

人类的生存和发展必须通过消费来实现，人类的劳动都服从于这一目标：生产自身消费的"产品"或生产与他人交换的"商品"。在市场经济条件下，劳动产品本质上一般是用于交换，但不是直接的交换，交换的"筹码"用收入来体现。这就产生了一个问题：劳动者是否获得了合理的收入？也就是说，每个劳动者是否获得了它"自身的产品"？如果不是，社会产品的交换就不能顺利进行，社会再生产的过程就会受阻。因此，合理的收入分配格局是消费平稳增长的必然要求，是供求平衡的基础，也是经济可持续发展的保障。

那么，什么是"合理的"收入分配格局呢？直观上说，社会再生产的顺利进行要求社会总购买力与社会生产总产出相匹配，或者说，社会对消费资料的总购买力与消费资料的总产出相匹配。理想的状况是社会对消费资料的总购买力与消费资料的生产能力相匹配，从消费的角度来说，就是最优消费率要求社会生产力得到全部释放（龚志民，2015）；从收入分布的角度来说，就是劳动者之间"取长补短"共同购买全部消费资料，投资者购买全部投资品。通俗地说，"取长补短"的含义是，低收入者购买的消费资料较少，高收入者购买的消费资料较多，但两者相加刚好对应于总消费资料。理论上，很难说什么样的收入分配结构能实现"取长补短"，但从"人类天性"或人的劳动能力的自然分布来说，按劳分配所导致的收入分配格局是最理想的（靳涛、邵红伟，2016；邵红伟，2017；龚志民等，2018），因为从生命周期的角度来说，每个人消费自己的劳动产品是可行的，而按劳分配则保证了个人购买能力与其产出相匹配。有一个不太严谨但很简明的说法是，橄榄形的收入分布结构是比较理想的，即中等收入家庭（俗称中产阶级）形成很大的群体，较贫困人口和极高收入群体占很小的比例。这一认识来源于一个常识性判断，即较低收入者消费倾向较高，较高收入者消费倾向较低,这样就保证了合适的整体消费率。

二 坚持按劳分配原则是构建消费与经济同步增长的体制机制的关键

保持消费与经济的同步增长本质上就是要求生产与消费的协调发展,由于在生产与消费的矛盾运动中,生产是矛盾的主要方面,"生产决定消费",因此,对生产的激励对于经济增长是必不可少的。根据本课题提出的经济增长动力观(第二章),收入分配作为联结生产与消费的节点,是经济增长动力的支撑。根据第一章和第二章的分析,经济增长的过程是,通过收入分配的激励(尤其是对科技创新的激励),生产"更多更好的产品",再以合理的分配共享劳动成果(消费),这是经济增长的本质回归。合理分享既是"激励"的要求,也是提高总需求、实现供求协调发展的要求,是解决中国特色社会主义新时代主要矛盾的重要举措。在社会主义市场经济条件下,合理分享只能通过收入分配来实现[①],因此,收入分配是实现消费与经济同步增长的关键,推进收入分配制度改革是实现消费与经济同步增长的核心。

跨越了"生产自助"和"物物交换"时代,在生产力高度发展的时代背景下,货币或金融体系已成为"商品交换"必不可少的工具,"生产决定消费"并不意味着"供给自动创造需求"。百姓消费的前提是消费能力和消费意愿,促进消费,必须增加收入,消费的稳步提升,必须依靠持续提高收入的制度保障。一方面,只有合理的收入分配格局才能支撑强大的社会总需求;另一方面,消费不仅是既定产品的消费,增加消费的第一要义是生产"更多更好的产品",这就要求最大限度地解放和发展生产力,提升供给侧响应消费需求的能力,即收入分配应该有激励机制并发挥优化资源配置的功能。也就是说,收入分配制度应该起到促进生产、激励创新、激发消费的作用。

[①] 中共十九大报告指出,新时代我国社会主要矛盾是人民日益增长的美好生活需要和不平衡不充分的发展之间的矛盾。

合理分享才能促进生产、激发消费。社会生产中起决定作用的资源是劳动力，对劳动力最大的激励就是实现按劳分配。而且，按劳分配能保证收入服从正态分布，实现经济发展成果的合理分享，避免财富分布的马太效应，有利于构建庞大的中产阶级，形成橄榄形收入分配结构，促进消费结构的优化与升级，实现消费结构与产业结构的良性互动。实现有效需求与有效供给的匹配与协调发展。所以，构建消费与经济同步增长的体制机制的核心问题是改革和完善收入分配制度，其关键是回归按劳分配的主体地位，这也是党的十九大报告"坚持按劳分配原则，完善按要素分配的体制机制"的基本精神。

三 建立公平的、多层次的、一体化的、可持续的社会保障体系，筑牢"共享发展"的第二重支撑

收入分配作为经济增长的动力支撑，它对生产的激励作用是至关重要的。尤其是，如前所说，按劳分配对劳动者的激励和形成合理的收入分配结构能够起到很好的平衡作用。但劳动者的能力是有差别的，弱势群体（包括残疾人口）也有一定的比例，包括按劳分配在内的任何激励性的收入分配制度都不能保证所有人口抑或劳动者获得基本的生活保障，难以保障全面的"共享发展"，也不利于消费与经济的同步增长。此外，较高收入者的消费意愿也与其对未来的预期有关，各种不确定性会导致过高的预防性储蓄进而对消费产生较大的抑制作用，导致供求失衡。因此，除了激励性的收入分配制度外，还需要社会保障制度进一步支持共享发展的实现，促进消费与经济的同步增长。

社会保障制度是一种重要的制度安排，也是收入分配制度的延伸和补充，旨在保障所有社会成员的基本生活，减少不确定性并提升全社会的消费能力，保持社会总需求处在合理水平。如果说兼顾激励与公平的收入分配制度（如按劳分配原则）是实现"共享发展"的第一重支撑，则社会保障制度是实现"共享发展"的第二重支撑。

为了筑牢"共享发展"的第二重支撑，需要建立公平的、多层次

第十三章 以收入分配制度改革重构中国经济增长的动力机制

的、一体化的、可持续的社会保障制度，包括救助保障制度、养老保障制度、医疗保障制度。

使公民公平、自由地享有基本的社会保障制度，消除城乡差别、地区差别和身份差别是筑牢"共享发展"第二重支撑的关键。具体来说，就是建立简明的、统一的，没有城乡差别、地区差别和身份差别的社会保障制度。这就要求对各种碎片化的社会保障制度进行统筹，包括城乡统筹、地区统筹、身份统筹。这里的多层次是指包括基本社会保障制度、激励性的社会保障制度、商业保险型的社会保障制度等。基本社会保障制度是第一个基本层次，全民自动参与，由政府财政提供资金支持，包括基本救助制度、基本养老保障制度和基本医疗制度，属于普惠型的福利制度安排，其基本功能是为全体公民提供基本医疗服务，为残障人口、低收入群体和老年人口提供基本生活保障。这是社会保障制度最重要的组成部分，要求覆盖所有人口，人人享有公平待遇。基本社会保障制度不仅有助于保障弱势群体共享经济发展的成果，也有助于改善公民预期，提升消费水平，促进消费与经济同步发展。激励性的社会保障制度是第二层次，人人有参与的权利。政府提供一定的财政支持，个人按照责、权、利对等的原则自愿缴费，侧重点在于为有一定收入水平的公民在生命周期内的生活和医疗服务提供更好的保障。该制度旨在用较小的财政支持提升公民的幸福感，增强消费者信心，稳定消费预期，提升经济增长的内生动力。商业保险型的社会保障制度是第三层次，人人量力自愿参与。该制度属于互助型社会保障，形式多样化，政府进行协调、组织和监督。该制度旨在为较高收入者在生命周期内的生活和医疗服务提供更有品质的保障。

社会保障制度的一体化，是指对各种碎片化的社会保障项目进行整合、梳理、重构，构建规则统一、结构简单、衔接有序且保持城乡协调、区域协调的社会保障体系，即形成全国一盘棋的社会保障制度。这既是公平正义的要求，也有利于充分发挥社会保障制度的保障功能，增加国民福祉。可持续是指保障水平的适度性，或尽可能高但在社会经济可承受范围内的社会保障水平。社会保障水平是动态调整的，与经济发展水平相适应，既要落实"共享发展"的理念，又要有利于经济可持续发展，可以通过指数化来实现社会保障水平的动态调整。

现有的社会保障制度存在规则复杂、覆盖不全、身份歧视、衔接困难等问题，要在政府的主导下，通过顶层设计，对现有的社会保障制度进行整合、完善、重构，动员、鼓励各方力量共同参与其构建过程。

参考文献

阿尔钦，科斯，诺斯，2003. 财产权利与制度变迁 [M]. 刘守英，等译. 上海：上海人民出版社.

白重恩，钱震杰，2009. 谁在挤占居民的收入——中国国民收入分配格局分析 [J]. 中国社会科学，(5)：160-165.

曹元坤，占小军，2003. 激励理论研究现状及发展 [J]. 当代财经，(12)：57-61.

钞小静，惠康，2009. 中国经济增长质量的测度 [J]. 数量经济与技术经济研究，(6)：75-86.

钞小静，任保平，2011. 中国经济增长结构与经济增长质量的实证分析 [J]. 当代经济科学，(6)：50-56.

钞小静，任保平，2014. 城乡收入差距与中国经济增长质量 [J]. 财贸研究，(5)：1-9.

钞小静，任保平，惠康，2009. 收入分配不平等、有效需求与经济增长——一个基于中国经济转型期的实证研究 [J]. 当代经济科学，31 (3)：9-15，124.

钞小静，沈坤荣，2014. 城乡收入差距、劳动力质量与中国经济增长 [J]. 经济研究，(6)：30-43.

陈斌开，林毅夫，2013. 发展战略、城市化与中国城乡收入差距 [J]. 中国社会科学，(4)：81-102，206.

陈端计，2003. 有效供给：中国宏观经济运行的主要问题与对策取向 [J]. 新疆师范大学学报（哲学社会科学版），24 (12)：154-157.

陈静怡, 2010. 国民收入初次分配与消费需求的相关性分析 [J]. 社会科学论坛, (12): 59-63.

陈学明, 2011. 马克思的公平观与社会主义市场经济 [J]. 马克思主义研究, (1): 5-13, 159.

程虹, 李丹丹, 2014. 一个关于宏观经济增长质量的一般理论: 基于微观产品质量的解释 [J]. 武汉大学学报, (2): 79-86.

程民选, 孙磊, 王青, 2004. 金融体系对内需支持不足的实证分析 [J]. 财经科学, (1): 7-11.

楚尔鸣, 2009. 扩大消费需求必须重视金融政策 [J]. 消费经济, (2): 9-14.

邓小平, 1993. 邓小平文选（第3卷）[M]. 北京: 人民出版社.

丁志国, 赵宣凯, 苏治, 2012. 中国经济增长的核心动力——基于资源配置效率的产业升级方向与路径选择 [J]. 中国工业经济, (9): 18-30.

董建才, 1988. 等量劳动交换必须与等价交换相结合 [J]. 中国社会科学, (2): 149-152, 129.

董直庆, 赵景, 康红叶, 2017. 有偏技术进步、技术来源及其经济增长效应 [J]. 东南大学学报（哲学社会科学版）, (1): 65-74, 144.

杜一, 梅志广, 1983. 《资本论》中的按劳分配思想及其形成 [J]. 中州学刊, (5): 62-66.

樊纲, 王小鲁, 马光荣, 2011. 中国市场化进程对经济增长的贡献 [J]. 经济研究, 46 (9): 4-16.

方福前, 邢炜, 王康, 2017. 中国经济短期波动对长期增长的影响——资源在企业间重新配置的视角 [J]. 管理世界, (1): 30-50.

傅晓霞, 吴利学, 2006. 技术效率、资本深化与地区差异——基于随机前沿模型的中国地区收敛分析 [J]. 经济研究, (10): 52-61.

盖庆恩, 朱喜, 程名望, 等, 2015. 要素市场扭曲、垄断势力与全要素生产率 [J]. 经济研究, 50 (5): 61-75.

高帆, 2014. 劳动报酬占比、城乡收入分配与中国居民消费率——基于省际面板数据的实证研究 [J]. 学术月刊, 46 (11): 40-49.

高鸿业, 吴易风, 刘凤良, 2000. 研究生用西方经济学 [M]. 北京: 经济科学出版社.

高志仁, 2008. 新中国个人收入分配制度变迁研究 [D]. 湖南师范大学博士学位论文.

龚小庆, 2004. 经济系统涌现和演化——复杂性科学的观点 [J]. 财经论丛, (5): 12-18.

龚志民, 2015. 基于复杂性视角的消费率问题和政策效应研究 [M]. 长沙: 湖南人民出版社.

龚志民, 陈笑, 2019. 收入分配"合理性"与消费需求 [J]. 消费经济, (5): 32-42.

龚志民, 伏帅, 吴雄, 2018. 实现中国经济增长动力转换的关键是收入分配制度改革 [J]. 湘潭大学学报（哲学社会科学版）, (4): 78-82, 113.

龚志民, 张月朗, 2013. 基于消费结构变动的中国经济增长质量研究 [J]. 湘潭大学学报（社会科学版）, (4): 56-61.

龚志民, 张振环, 2017. 坚持消费需求导向是供给侧结构性改革的应有之义 [J]. 消费经济, 3 (6): 13-17.

谷书堂, 蔡继明, 1988. 按劳分配理论与现实的矛盾 [J]. 中国社会科学, (2): 133-135, 129.

关柏春, 2005. 也谈按劳分配、按要素分配和劳动价值论三者之间的关系——与何雄浪、李国平先生商榷 [J]. 经济评论, (1): 14-19.

关柏春, 2009. 也谈按劳分配原则的实现问题——兼与钱津研究员商榷 [J]. 岭南学刊, (1): 77-80.

关士续, 2002. 马克思关于技术创新的一些论述 [J]. 自然辩证法研究, (1): 16-18.

韩志国, 1988. 社会主义初级阶段按劳分配理论讨论会观点综述 [J]. 中国社会科学, (1): 10-20.

何炼成，2005. 关于劳动力商品论与劳动价值论、按劳分配与按要素分配之间的关系——兼评何雄浪、李国平与关柏春之争[J]. 经济评论，(5)：2-14.

何强，2014. 要素禀赋、内在约束与中国经济增长质量[J]. 统计研究，(1)：70-77.

何伟，1991. 在有计划商品经济条件下实现按劳分配的两个问题[J]. 经济研究，(10)：40-44，52.

何雄浪，李国平，2004. 论劳动价值论、按劳分配与按要素分配三者之间的逻辑关系[J]. 经济评论，(2)：7-11.

洪银兴，2013. 消费需求、消费力、消费经济和经济增长[J]. 中国经济问题，(1)：3-8.

胡培兆，1988. 只有按劳分配，没有劳动力商品[J]. 经济理论与经济管理，(2)：20-25.

胡培兆，1993. 市场经济中的公有制与按劳分配[J]. 经济研究，(4)：35-39.

胡培兆，1999. 论有效供给[J]. 经济学家，(3)：3-9.

胡义刚，王阳艳，2002. 增大有效供给的理论基础——马克思的有效供给理论[J]. 天中学刊，(3)：12-15.

黄凯南，2015. 供给侧和需求侧的共同演化：基于演化增长的视角[J]. 南方经济，(12)：1-9.

黄丽馨，2000. 广西消费结构与产业结构关联的实证分析[J]. 改革与战略，(4)：41-45.

黄琪轩，2009. 技术进步的来源与国际视角[J]. 现代管理科学，(5)：40-41，51.

霍兰，2011. 隐秩序——适应性造就复杂性[M]. 周晓牧译. 上海：上海科技教育出版社.

嵇正龙，2015. 江苏省消费结构与产业结构的灰色关联分析[J]. 商业经济研究，(31)：23-25.

纪明, 2013. 需求结构演进逻辑及中国经济持续均衡增长 [J]. 社会科学, (2): 44-53.

冀有江, 张伶, 1992. 社会主义商品经济与按劳分配 [J]. 南开经济研究, (4): 20-24.

贾康, 程瑜, 于长革, 2018. 优化收入分配的认知框架、思路、原则与建议 [J]. 财贸经济, 39 (2): 5-20.

贾康, 苏京春, 2014. "五维一体化"供给理论与新供给经济学包容性边界 [J]. 财经问题研究, (11): 3-10.

贾康, 苏京春, 2015. 新供给经济学 [M]. 太原: 山西经济出版社.

贾康, 徐林, 李万寿, 等, 2013. 中国需要构建和发展以改革为核心的新供给经济学 [J]. 财政研究, (1): 2-15.

金海年, 2014. 新供给经济增长理论: 中国改革开放经济表现的解读与展望 [J]. 财政研究, (11): 2-7.

靳涛, 邵红伟, 2016. 最优收入分配制度探析——收入分配对经济增长倒"U"形影响的启示 [J]. 数量经济技术经济研究, (5): 44-64.

卡马耶夫, 1983. 经济增长的速度和质量 [M]. 陈华山, 左东官, 何剑, 等译. 武汉: 湖北人民出版社.

凯恩斯, 1999. 就业、利息和货币通论 [M]. 高鸿业译. 北京: 商务印书馆.

科斯, 阿尔钦, 诺斯, 等, 1994. 财产权利与制度变迁: 产权学派与新制度学派译文集 [M]. 上海: 上海三联书店, 上海人民出版社.

克拉克, 1997. 财富的分配 [M]. 邵大海译. 北京: 商务印书馆.

李斌, 1988. 按劳分配原则在商品经济中才能真正实现 [J]. 中国社会科学, (2): 129, 142-145.

李嘉图, 2013. 政治经济学及赋税原理 [M]. 郭大力, 王亚楠译. 北京: 华夏出版社.

李健, 卫平, 2015. 金融发展与全要素生产率增长——基于中国省际面板数据的实证分析 [J]. 经济理论与经济管理, (8): 47-64.

李军,2003. 收入差距对消费需求影响的定量分析 [J]. 数量经济技术经济研究,(9):5-10.

李平,钟学义,王宏伟,等,2013. 中国生产率变化与经济增长源泉:1978~2010年 [J]. 数量经济技术经济研究,(1):3-21.

李绍荣,1997. 经济核心理论的形成与发展 [J]. 经济学动态,(4):55-60.

李实,罗楚亮,2011. 中国收入差距究竟有多大?——对修正样本结构偏差的尝试 [J]. 经济研究,(4):68-79.

李实,赵人伟,张平,1998. 中国经济改革中的收入分配变动 [J]. 管理世界,(1):43-56.

李雯青,孙嘉京,2014. 外商直接投资与产业结构调整升级——基于面板数据的实证研究 [J]. 经济研究导刊,(27):278-279.

李小平,朱钟棣,2004. 国际贸易的技术溢出门槛效应——基于中国各地区面板数据的分析 [J]. 统计研究,(10):27-32.

李小平,朱钟棣,2006. 国际贸易、R&D 溢出和生产率增长 [J]. 经济研究,(2):31-43.

李子联,2011. 收入分配如何影响经济增长——一个基于需求视角的分析框架 [J]. 财经科学,(5):48-55.

李佐军,2014-12-16. "三驾马车" 不是经济发展的根本动力 [N]. 中国经济时报.

梁亚民,2002. 经济增长质量问题研究综述 [J]. 兰州商学院学报,(2):32-35.

林白鹏,张圣平,臧旭恒,等,1993. 中国消费结构与产业结构关联研究 [M]. 北京:中国财政经济出版社.

林红玲,2001. 从古典、新古典到马克思:制度安排与收入分配 [J]. 当代经济研究,(3):27-30.

刘东皇,沈坤荣,2012. 要素分配、居民收入差距与消费增长 [J]. 经济学动态,(10):47-52.

刘赣州，2003. 马克思的资源配置理论探析 [J]. 晋阳学刊，(6)：49-52.

刘刚，2018-06-12. 提升有效科技供给能力助推经济高质量发展 [N]. 滨海时报.

刘建华，2010. 社会主义收入分配理论及其发展——兼论收入分配制度改革与扩大消费 [J]. 吉林大学社会科学学报，(6)：91-96.

刘林志，2018. 收入分配对技术进步的影响研究 [D]. 湘潭大学硕士学位论文.

刘诗白，2000. 论增大有效供给 [J]. 经济学家，(1)：4-11.

刘树成，2007. 论又好又快发展 [J]. 经济研究，(6)：4-13.

刘伟，蔡志洲，2008. 技术进步、结构变动与改善国民经济中间消耗 [J]. 经济研究，(4)：4-14.

刘文革，周文召，仲深，等，2014. 金融发展中的政府干预、资本化进程与经济增长质量 [J]. 经济学家，(3)：64-72.

刘燕妮，安立仁，金田林，2014. 经济结构失衡背景下的中国经济增长质量 [J]. 数量经济技术经济研究，(2)：20-35.

刘玉芝，2015. 完善和发展中国特色社会主义制度的内在理路与实践逻辑 [J]. 当代世界与社会主义，(1)：102-107.

刘振彪，尹剑锋，2005. 收入分配差距影响中国经济增长的实证分析 [J]. 深圳大学学报（社会科学版），(5)：20-24.

娄峰，李雪松，2009. 中国城镇居民消费需求的动态实证分析 [J]. 中国社会科学，(3)：109-115.

吕冰洋，2012. 中国要素收入分配的测算 [J]. 经济研究，(10)：27-37.

吕光明，于学霆，2018. 基于省份数据修正的我国劳动报酬占比决定因素再研究 [J]. 统计研究，(3)：66-79.

吕铁，周叔莲，1999. 中国的产业结构升级与经济增长方式转变 [J]. 管理世界，(1)：113-125.

罗云毅，2004. 低消费、高投资是现阶段我国经济运行的常态 [J]. 宏观经济研究，(5)：6-11.

马洪,孙尚清,1998. 经济与管理大辞典 [M]. 北京:中国社会科学出版社.

马克思,2004. 资本论(第1卷) [M]. 中共中央马克思恩格斯列宁斯大林著作编译局译. 北京:人民出版社.

马克思,2015a. 哥达纲领批判 [M]. 中共中央马克思恩格斯列宁斯大林著作编译局译. 北京:人民出版社.

马克思,2015b. 哥达纲领批判(单行本) [M]. 中共中央马克思恩格斯列宁斯大林著作编译局译. 北京:人民出版社.

马克思,恩格斯,1972. 马克思恩格斯选集(第4卷) [M]. 中共中央马克思恩格斯列宁斯大林著作编译局编译. 北京:人民出版社.

马克思,恩格斯,1995a. 马克思恩格斯全集 [M]. 中共中央马克思恩格斯列宁斯大林著作编译局编译. 北京:人民出版社.

马克思,恩格斯,1995b. 马克思恩格斯选集(第3卷) [M]. 中共中央马克思恩格斯列宁斯大林著作编译局编译. 北京:人民出版社.

马克思,恩格斯,2012. 马克思恩格斯选集(第3卷) [M]. 中共中央马克思恩格斯列宁斯大林著作编译局编译. 北京:人民出版社.

马歇尔,2005. 经济学原理 [M]. 廉运杰译. 北京:华夏出版社.

毛其淋,2012. 二重经济开放与中国经济增长质量的演进 [J]. 经济科学,(2):5-20.

诺斯,1991. 经济史中的结构与变迁 [M]. 中译本. 上海:上海三联出版社:译者序.

欧阳元松,1988. 没有按劳分配,只有按劳动力价值分配 [J]. 经济理论与经济管理,(2):25-29.

潘建国,1998. 西方福利经济学效率与公平观的内在矛盾与马克思主义政治经济学效率与公平观之科学性 [J]. 高校社科信息,(5):41-45.

潘明清,高文亮,2014. 扩大内需:我国居民消费宏观调控的有效性研究 [J]. 财经科学,(4):72-80.

彭志龙,2007. 提高1个百分点的消费率可以使第三产业比重上升0.26

个百分点 [J]. 统计研究, (1): 32-34.

钱纳里, 1995. 工业化和经济增长的比较研究 [M]. 李恒全译. 上海: 上海三联书店, 上海人民出版社.

钱智颖, 2018. 消费结构整体升级对市场产业结构的影响 [J]. 中国林业经济, (1): 40-41.

邱海平, 2017. 中国市场经济体制的独特魅力究竟何来 [J]. 人民论坛, (23): 22-24.

任保平, 2012. 经济增长质量: 理论阐释、基本命题与伦理原则 [J]. 学术月刊, (2): 63-70.

任保平, 钞小静, 2012. 从数量型增长向质量型增长转变的政治经济学分析 [J]. 经济学家, (11): 46-51.

任保平, 李禹墨, 2018. 新时代我国高质量发展评判体系的构建及其转型路径 [J]. 陕西师范大学学报, (3): 43-50.

任保平, 王蓉, 2013. 经济增长质量价值判断体系的逻辑探究及其构建 [J]. 学术月刊, (3): 88-94.

任保平, 魏语谦, 2016. "十三五" 时期我国经济质量型增长的战略选择与实现路径 [J]. 中共中央党校学报, (4): 31.

任洲鸿, 2010. 关于实现 "按劳分配" 理论创新的思考 [J]. 经济学家, (5): 13-20.

萨伊, 2010. 政治经济学概论 [M]. 陈福生, 陈振骅译. 北京: 商务印书馆.

单豪杰, 2008. 中国资本存量 K 的再估算: 1952~2006 年 [J]. 数量经济技术经济研究, (10): 17-31.

邵红伟, 2017. 经济增长与收入分配的统一性研究 [D]. 厦门大学博士学位论文.

沈坤荣, 1998. 中国经济增长绩效分析 [J]. 经济理论与经济管理, (1): 28-33.

沈坤荣, 王东新, 田伟, 2010. 收入分配不平等的增长效应研究——兼论后危机时代中国经济增长内生动力机制的重塑［J］.经济与管理研究，（9）：5-9.

史晋川，刘青，2017.劳资分配与经济增长——新卡莱斯基学派视角的文献述评［J］.东南学术，（1）：159-170.

斯密，2001.国富论［M］.杨敬年译.西安：陕西人民出版社.

斯密，2011.国富论［M］.2版.谢宗林，李华夏译.北京：中央编译出版社.

宋振学，2007.转轨经济中的金融市场与居民跨期消费选择研究［D］.山东大学博士学位论文.

苏基溶，廖进中，2009.开放条件下的金融发展、技术进步与经济增长［J］.世界经济文汇，（5）：90-105.

随洪光，2013.外商直接投资与中国经济增长质量提升——基于省际动态面板模型的经验分析［J］.世界经济研究，（7）：67-72.

孙海涛，宋荣兴，2012.消费需求与经济增长关系的计量经济分析［J］.技术经济与管理研究，（1）：121-124.

孙杰，吕梦月，2017.重新认识"供给创造需求"［J］.经济论坛，（10）：150-152.

孙智君，2013.学术史视域中的经济质量观、区域经济质量观［J］.区域经济评论，（1）：83-84.

谭顺，2015.资本主义生产方式下生产力与消费力的矛盾——《资本论》中马克思消费力理论的解读及其启示［J］.当代经济研究，（8）：20-24.

汤在新，1994.劳动价值论是市场经济理论的基石［J］.中国社会科学，（6）：26-35.

田成诗，陆卓玉，2015.基于增加值率的中国经济增长质量研究回顾与展望［J］.宏观质量研究，（4）：39-49.

童沅轼，1979.评按劳分配讨论的两次高潮［J］.学术月刊，（9）：20-22.

瓦尔拉斯，1997.纯粹经济学要义［M］.蔡受百译.北京：商务印书馆.

汪同三，蔡跃洲，2006. 改革开放以来收入分配对资本积累及投资结构的影响 [J]. 中国社会科学，(1)：4-14，205.

王积业，2000. 关于提高经济增长质量的宏观思考 [J]. 宏观经济研究，(1)：11-17.

王双，余孝军，2014. 基于分位数回归的消费结构与产业结构实证研究 [J]. 统计与决策，(23)：107-109.

王宋涛，2012. 恩格尔定律：理论与检验 [J]. 湖北经济学院学报，10(4)：15-18.

王文利，2004. 改革开放以来中国分配制度变迁的回顾与思考 [J]. 长安大学学报（社会科学版），(6)：24-28.

王小鲁，2000. 中国经济增长的可持续性与制度变革 [J]. 经济研究，(7)：3-15，79.

王学民，2007. 对主成分分析中综合得分方法的质疑 [J]. 统计与决策（理论版），(4)：31-32.

王燕武，王俊海，2011. 中国经济波动来源于供给还是需求——基于新凯恩斯模型的研究 [J]. 南开经济研究，(1)：24-37.

王业雯，2016. 产业结构、消费结构与经济增长——基于广东省的实证分析 [J]. 经济问题探索，(7)：22-27.

王永钦，2009. 大转型：互联的关系型合约理论与中国奇迹 [M]. 上海：格致出版社.

卫新华，2003. 关于价值创造与价值分配问题不同见解的评析 [J]. 经济学动态，(1)：7-10.

魏婕，任保平，2012. 中国各地区经济增长质量指数的测度及其排序 [J]. 经济学动态，(4)：27-33.

魏众，王琼，2016. 按劳分配原则中国化的探索历程——经济思想史视角的分析 [J]. 经济研究，(11)：4-12，69.

文启湘，冉净斐，2005. 消费结构与产业结构的和谐：和谐性及其测度 [J]. 中国工业经济，(8)：14-19，104.

吴冰玉, 2019. 收入分配对有效供给能力的影响研究 [D]. 湘潭大学硕士学位论文.

吴定玉, 姚传飞, 侯奔, 2007. 居民消费结构与产业结构的关联性分析——以湖南省为例 [J]. 消费经济, (5): 28-30.

吴菲菲, 2014. 新疆农村居民消费结构与产业结构关联分析 [J]. 现代商贸工业, 26 (7): 48-50.

吴龙虎, 2019. 中国特色社会主义政治发展道路的形成逻辑 [J]. 长春师范大学学报, (1): 32-35.

吴忠群, 王虎峰, 2013. 单纯调整收入差距能提高消费率吗——基于因果检验的分析 [J]. 经济理论与经济管理, (1): 10-18.

伍晓榕, 彭海艳, 2007. 收入分配对我国城镇居民消费需求影响的实证分析 [J]. 江苏商论, (10): 30-32.

夏杰长, 2012. 以扩大消费需求为着力点调整我国总需求结构 [J]. 经济学动态, (2): 67-70.

夏杰长, 张颖熙, 2012. 我国城乡居民服务消费现状、趋势及政策建议 [J]. 宏观经济研究, (4): 14-21, 47.

向书坚, 2000. 中国收入分配格局研究 [M]. 北京: 中国财政经济出版社.

肖争艳, 马莉莉, 2006. 利率风险与我国城镇居民消费行为 [J]. 金融研究, (3): 94-102.

谢超峰, 范从来, 2017. 有效需求不足还是有效供给不足——新常态下经济波动因素的识别与分析 [J]. 云南财经大学学报, 33 (2): 35-43.

徐现祥, 舒元, 2009. 基于对偶法的中国全要素生产率核算 [J]. 统计研究, (7): 78-86.

徐雪, 2013. 通过制度改革释放经济增长潜力——第七届中国经济增长与周期国际高峰论坛综述 [J]. 经济社会体制比较, (5): 213-217.

许永兵, 2005. 对我国居民消费率下降原因的再认识——兼评关于居民消费率下降原因的几种流行观点 [J]. 财贸经济, (12): 52-55.

晏智杰, 2002. 分配制度改革和价值理论重建 [J]. 马克思主义与现实,

（2）：7-15.

杨巨，2012. 初次收入分配与技术进步——基于马克思主义经济学的视角［J］. 经济评论，（3）：11-19.

杨君，褚桂楠，肖明月，2016. 经济增长质量的测度及其影响因素——一个研究述评［J］. 浙江理工大学学报（社会科学版），（6）：515-521.

杨俊，张宗益，李晓羽，2005. 收入分配、人力资本与经济增长：来自中国的经验（1995-2003）［J］. 经济科学，（5）：5-15.

姚洋，1998. 非国有经济成分对我国工业企业技术效率的影响［J］. 经济研究，（12）：29-35.

姚洋，2008. 作为制度创新过程的经济改革［M］. 上海：格致出版社.

叶初升，李慧，2014. 以发展看经济增长质量：概念、测度方法与实证分析——一种发展经济学的微观视角［J］. 经济理论与经济管理，（12）：17-34.

叶初升，李慧，2015. 增长质量是经济新常态的新向度［J］. 新疆师范大学学报（社会科学版），（4）：8-13.

伊斯特利，2005. 在经济增长的迷雾中求索［J］. 姜世明译. 经济导刊，（3）：80-89.

伊志宏，2012. 消费经济学［M］. 2版. 北京：中国人民大学出版社.

尹世杰，1993. 消费需要论［M］. 长沙：湖南出版社.

尹世杰，2003. 消费经济学［M］. 北京：高等教育出版社.

尹世杰，2004. 消费需求与经济增长［J］. 消费经济，（5）：3-7.

于泽，章潇萌，刘凤良，2014. 中国产业结构升级内生动力：需求还是供给［J］. 经济理论与经济管理，（3）：25-35.

余红心，赵袁军，陈青祝，2019. 中国居民消费结构与产业结构的和谐性研究［J］. 区域经济评论，（1）：95-100.

余金成，2016a. 按劳分配的辩证内蕴与社会主义市场经济［J］. 中国浦东干部学院学报，（3）：53-64，114.

余金成，2016b. 按劳分配及其在马克思主义发展史上的四次解读［J］.

理论学刊,(3):17-28.

余金成,2017. 现代市场经济本质上是按劳分配的[J]. 学习论坛,(7):30-37.

余泳泽,2015. 改革开放以来中国经济增长动力转换的时空特征[J]. 数量经济技术经济研究,(2):19-34.

张德荣,2013. "中等收入陷阱"发生机理与中国经济增长的阶段性动力[J]. 经济研究,(9):17-29.

张东刚,2004. 消费需求变动与近代中国经济增长[J]. 北京大学学报,(3):36-46.

张军,施少华,2003. 中国经济全要素生产率变动:1952-1998[J]. 世界经济文汇,(2):17-24.

张雷声,2001. 不能把劳动创造价值作为分配制度形成的依据[J]. 思想理论教育导刊,(7):34-36.

张维达,1988. 论按劳分配模式的换型[J]. 中国社会科学,(2):129,135-137.

张问敏,1987. 关于按劳分配的理论思考[J]. 中国劳动科学,(5):76-80.

张亦工,2000. 交易费用、财产权利与制度变迁——新制度经济学理论体系透视[J]. 东岳论丛,(5):33-36.

张振环,2018. 收入分配对消费需求的影响研究[D]. 湘潭大学硕士学位论文.

赵锦春,谢建国,2014. 有效需求体制、功能性收入分配与技术进步——基于OECD国家的实证研究[J]. 财经研究,(4):27-41.

赵满华,1990. 论社会主义按劳分配的可行性——兼与王建国同志商榷[J]. 山西大学学报,(3):76-81.

郑必清,2004. 对市场经济条件下按劳分配几个问题的思考[J]. 湘潭大学学报(社会科学版),(1):118-122.

郑玉歆,2007. 全要素生产率的再认识——用TFP分析经济增长质量存

在的若干局限 [J]. 数量经济技术经济研究, (8): 3-11.

中国人民大学全国中国特色社会主义政治经济学研究中心, 2018. 中国政治经济学年度发展报告 (2017) [J]. 政治经济学评论, (9): 3-102.

钟世川, 刘娟, 2015. 技术进步偏向与收入不平等的关系研究评述 [J]. 重庆理工大学学报 (社会科学版), (12): 43-48.

周后唐, 2017. 关于1977-1978年按劳分配讨论的再研究 [J]. 东南学术, (2): 60-67.

周黎安, 2007. 中国地方官员的晋升锦标赛模式研究 [J]. 经济研究, (7): 36-50.

周其仁, 1996. 市场里的企业: 一个人力资本与非人力资本的特别合约 [J]. 经济研究, (6): 71-80.

周荣蓉, 2015. 我国城镇居民消费结构与产业结构协调发展研究 [J]. 学术界, (11): 159-166.

周为民, 陆宁, 2002. 按劳分配与按要素分配——从马克思的逻辑来看 [J]. 中国社会科学, (4): 4-12, 203.

周小亮, 2015. 新常态下中国经济增长动力转换: 理论回溯与框架设计 [J]. 学术月刊, (9): 15-26.

周志太, 程恩富, 2016. 新常态下中国经济驱动转换: 供求辩证关系研究 [J]. 当代经济研究, (3): 54-64, 97.

朱富强, 2016. 正确理解"供给侧改革" [J]. 探索与争鸣, (6): 75-78.

朱莉, 卢毅敏, 罗建平, 2013. 基于灰色-Elman神经网络的区域滑坡易发性模型 [J]. 自然灾害学报, (5): 122-128.

朱艳春, 柳思维, 2014. 近年来国内消费经济理论研究的新动态 [J]. 消费经济, 30 (4): 93-97.

邹升平, 2010. 正确理解马克思按劳分配理论及其实现途径 [J]. 社会主义研究, (1): 1-5.

邹升平, 2013. 中国特色社会主义制度形成的历史逻辑 [J]. 广州大学学报, (7): 25-29.

Albuquerque, E. M., 2007. Inadequacy of technology and innovation systems at the periphery [J]. Cambridge Journal of Economics, 31 (5): 669 – 690.

Alchian, A. A., Demsetz, H., 1972. Production, information costs, and economic organization [J]. The American Economic Association, 62 (5): 777 – 795.

Arthur, W. B., 2015. Complexity and the Economy [M]. Oxford: Oxford University Press.

Assa, J., 2012. Inequality and growth re – examined [J]. Technology and Investment, 3 (1): 1 – 6.

Barro, R. J., 2000. Inequality and growth in a panel of countries [J]. Journal of Economic Growth, 5 (1): 5 – 32.

Bhaduri, A., Marglin, S., 1990. Unemployment and the real wage: the economic basis for contesting political ideologies [J]. Cambridge Journal of Economics, 14 (4): 375 – 393.

Buera, F. J., Kaboski, J. P., 2009. Can traditional theories of structural change fit the data? [J]. Journal of the European Economic Association, 7 (2 – 3): 469 – 477.

Chenery, H. B., 1975. The structuralist approach to development policy [J]. American Economic Review, 65 (2): 310 – 316.

Chenery, H. B., Syrquin, M., 1975. Patterns of Development, 1950 – 1970 [M]. Oxford: Oxford University Press.

Cheung, S. N. S., 1970. The structure of a contract and the theory of a non – exclusive resource [J]. The Journal of Law and Economics, 13 (1): 49.

Colm, G., 1962. Discussion of denison [J]. American Economic Review, 52 (2): 57 – 89.

Debreu, G., Scarf, H., 1963. A limit theorem on the core of an economy [J]. International Economic Review, 4 (3): 235.

Feenstra, R. C. , Inklaar, R. , Timmer, M. P. , 2015. The next generation of the penn world table [J]. American Economic Review, 105 (10): 3150 - 3182.

Foellmi, R. , Wuergler, T. , Zweimüller, J. , 2009. The macroeconomics of model T [Z]. Working Paper, 153 (459): 617 - 647.

Foellmi, R. , Zweimüller, J. , 2006. Income distribution and demand - induced innovations [J]. Review of Economic Studies, (73): 941 - 960.

Foster, J. , 2011. Evolutionary macroeconomics: a research agenda [J]. Journal of Evolutionary Economics, 21 (1): 5 - 28.

Galor, O. , Weil, D. N. , 1999. From malthusian stagnation to modern growth [J]. American Economic Review, 89 (2): 150 - 154.

Gomme, R. , 2004. Measuring labor's share of income [Z]. FRB of Cleveland Policy Discussion Paper, 11.

Grossman, G. M. , Helpman, E. , 1991. Innovation and Growth in the Global Economy [M]. Cambridge: MIT Press.

Hein, E. , Tarassow, A. , 2010. Distribution, aggregate demand and productivity growth: theory and empirical results for six OECD countries based on a post - Kaleckian model [J]. Cambridge Journal of Economics, (34): 727 - 754.

Hein, E. , Vogel, L. , 2008. Distribution and growth reconsidered: empirical results for six OECD countries [J]. Cambridge Journal of Economics, (32): 479 - 511.

Holland, J. H. , 1995. Hidden Order—How Adaptation Builds Complexity [M]. New York: Addison Wesley Publishing Company.

Hung, F. S. , 2005. Credit rationing and capital accumulation with investment and consumption loans revisited [J]. Journal of Development Economics, (78): 322 - 347.

IMF, 2015. Causes and consequences of income in equality: a global perspective [Z]. IMF Staff Discussion Note.

Jacob, A., 2012. Inequality and growth re – examined [J]. Technology and Investment, 3 (1): 1 – 6.

Kalecki, M., 1971. Class struggle and the distribution of national income [J]. Kyklos, 24 (1): 1 – 9.

Keefer, P., Stephen, K., 1995. Polarization, property right sand the links between inequality and growth [Z]. IRIS Center Working Paper No. 153, University of Maryland, College Park.

Kiminri, M., 2002, The rise of mass consumption societies [J]. Journal of Political Economy, (5): 1035 – 1070.

Kuznets, S., 1955. Economic growth and income inequality [J]. American Economic Review, 45 (1): 1 – 28.

Libecap, G., 1989. Distributional issues in contracting for property rights [J]. Journal of Institutional and Theoretical Economics, (145): 6 – 24.

Marglin, S. A., Bhaduri, A., 1990. Profit Squeeze and Keynesian Theory [M]. Oxford: Oxford University Press.

Marquetti, A., 2004. Do rising real wages increase the rate of labor saving technical change? Some econometric evidence [J]. Metroeconomica, 55 (4): 432 – 441.

Metcalfe, J. S., Foster, J., 2010. Evolutionary growth theory [C] //Setterfield, M. Handbook of Alternative Theories of Economic Growth. Cheltenham: Edward Elgar: 64 – 94.

Naastepad, C. W. M., 2006. Technology, demand and distribution: acumulative growth model with an application to the dutch productivity growth slowdown [J]. Cambridge Journal of Economics, (30): 403 – 434.

North, D., 1999. Institutions, Institutional Change and Economic Performance [M]. Cambridge: Cambridge University Press.

Perotti, R., Alesina, A., 1996. Income distribution, political instability and investment [J]. European Economic Review, 81 (5): 1170 – 1189.

Romer, P. M., 1990. Endogenous technological change [J]. Journal of Political Economy, 98 (5): S71 – S102.

Rosen, S., 1985. The theory of equalizing differences [C] //Ashenfelter, O., Layard, R. Handbook of Labour Economics. Amsterdam: North – Holland: 641 – 692.

Segerstorm, P. S., 1991. Innovation, imitation, and economic growth [J]. Journal of Political Economy, (4): 809 – 827.

Sen, A., 1987. The Standard of Living [M]. Cambridge: Cambridge University Press.

Setterfield, M., 2010. An introduction to alternative theories of economic growth [C] // Setterfield, M. Handbook of Alternative Theories of Economic Growth. Cheltenham: Edward Elgar: 1 – 24.

Solow, R. K., 1957. Technical change and the aggregate production function [J]. Review of Economic & Statistics, 39 (3): 310 – 320.

Stockhammer, E., Onaran, O., Ederer, S., 2009. Functional income distribution and aggregate demand in the Euro Area [J]. Cambridge Journal of Economics, (33): 139 – 159.

Vandenberg, P., Zhuang, J., 2011. How Can China Avoid the Middle – Income Trap? [M]. Manila: Asian Development Bank.

Wunder, T. A., 2012. Income distribution and consumption driven growth: how consumption behaviors of the top two income quintiles help to explain the economy [J]. Journal of Economic Issues, 46 (1): 173 – 191.

Yao, Z. Z., 2015. How can China avoid the middle income trap [J]. China & World Economy, 23 (5): 26 – 42.

Zhang, S. B., Kanbur, R., 2001. What difference do polarization measures make? An application to China [J]. Journal of Development Studies, (37): 85 – 98.

Zuleta, H., 2008. Factor saving innovations and factor income shares [J]. Review of Economic Dynamics, 11 (4): 536 – 552.

Zweinuller, J., Brunner, J. K., 2005. Innovation and growth with rich and poor consumers [J]. Metroeconomica, (56): 233 – 262.

图书在版编目(CIP)数据

重构供求联动机制：收入分配的视角 / 龚志民著. -- 北京：社会科学文献出版社，2021.6（2022.3 重印）
ISBN 978 - 7 - 5201 - 8436 - 6

Ⅰ.①重… Ⅱ.①龚… Ⅲ.①国民收入分配 - 分配制度改革 - 研究 - 中国　Ⅳ.①F124.7

中国版本图书馆 CIP 数据核字（2021）第 091737 号

重构供求联动机制：收入分配的视角

著　　者 / 龚志民

出 版 人 / 王利民
组稿编辑 / 恽　薇
责任编辑 / 陈凤玲
责任印制 / 王京美

出　　版 / 社会科学文献出版社·经济与管理分社（010）59367226
　　　　　地址：北京市北三环中路甲 29 号院华龙大厦　邮编：100029
　　　　　网址：www.ssap.com.cn

发　　行 / 社会科学文献出版社（010）59367028
印　　装 / 北京虎彩文化传播有限公司

规　　格 / 开　本：787mm × 1092mm　1/16
　　　　　印　张：14.25　字　数：205 千字
版　　次 / 2021 年 6 月第 1 版　2022 年 3 月第 2 次印刷
书　　号 / ISBN 978 - 7 - 5201 - 8436 - 6
定　　价 / 89.00 元

读者服务电话：4008918866

版权所有 翻印必究